La grandeur de la France

ERIC BRAUN

La grandeur de la France

Ses métamorphoses dans la Cinquième République

Institut
Carnéade

Eric Braun, Docteur en philosophie et diplômé en Sciences Politiques. Il conduit des recherches dans le domaine de la philosophie politique et intervient par des consultations en stratégie et relations internationales.

INSTITUT CARNÉADE
BP 90342
78003 Versailles Cedex

ISBN : 978-2-956-43410-8

Institut Carnéade est une marque de Balagué (Holdings)
SAS-RCS Versailles Nr 800474793

Prologue

Cet essai analyse l'évolution de la notion : « La grandeur de la France », dans le cadre de la Cinquième République. Si on retient avec le général de Gaulle que « la France ne peut être la France sans la grandeur », on peut considérer que cette idée, qui a traversé notre histoire, est un fondement essentiel constitutif de l'identité française. Il importait donc de la préserver au cours du processus de la décolonisation que la Quatrième République était incapable de gérer. Sur cette base fut instituée la Cinquième République.

Cette notion est obscure et peut être comprise par diverses approches, éventuellement de façon contradictoire. Aujourd'hui encore, elle subsiste dans les discours et dans la rhétorique politique. Il n'est guère de responsable qui ne l'évoque et ne s'y réfère quand il prétend à la fonction suprême. L'embarras surgit dès le début de la Cinquième République dont la structure institutionnelle intègre une relation essentielle avec elle, créant ainsi une dimension ambigüe dans l'ordre politique sous la forme d'un idéal lourd à défendre sinon à promouvoir.

Lors du processus de décolonisation, il apparaît clairement que le prestige de la France, est inséparable d'un rapport à l'Empire et à une forme de domination par les armes, la culture voire l'administration. Tout le paradoxe est de maintenir la grandeur comme notion cardinale tout en affirmant que le but est de mettre fin à la politique coloniale dont elle se nourrissait. Dans un cadre plus général, c'est dans la mesure où la France a perdu une bonne part de sa puissance et de sa supériorité sur le reste du monde qu'elle a eu le plus recours à cette notion dans le discours rhétorique, politique et administratif.

Le paradoxe n'est qu'apparent. L'entité qui se sait grande n'a pas besoin de le clamer. Cela se voit et s'impose naturellement. Le fait d'en parler et de le revendiquer montre certainement une forme de malaise qui s'explique dans un contexte historique général ambigu où la France oscille entre un renouveau de type économique et un déclin relatif dans le champ politique. La France était certes une puissance économique importante mais elle devait reconnaître, sinon accepter, une hégémonie des supergrands soviétique et américain dans la géopolitique mondiale.

De là vient la nécessité d'analyser le concept de grandeur sous l'aspect de sa relation à la maîtrise et à la servitude. La dialectique incessante de la maîtrise, et de la servitude repose en réalité sur une idéologie, offrant un miroir déformant de la réalité et une capacité à donner une identité au pays. Cette capacité bien réelle appelle ce concept comme pivot de toute la réflexion. Il n'y a définitivement de France que là où il y a une forme de grandeur. Il s'avère que cette dernière ne cesse de se métamorphoser mais reste un pilier de l'identité de la France, sujet hautement délicat.

Aujourd'hui, notre approche du problème nous conduit à considérer la question du racisme. Son discours est néanmoins antérieur à la Cinquième République car il naît probablement en France dès le XVIIe siècle. Il s'appuie toujours sur une mythologie, et ainsi une sorte d'inconscient refoulé de la culture de la grandeur française, conduit à ce type d'attitudes. On peut émettre l'hypothèse que l'image de prestige que la France veut se donner, véhicule le problème. Sous sa forme contemporaine, ce fléau se manifeste en liaison avec la cicatrice mal refermée de la décolonisation. La croissance soutenue du Front national s'appuie sur une approche traditionnelle de l'Empire abandonné. La République se trouve confrontée au dilemme suivant : soit renoncer à la grandeur et tenter de vaincre ainsi les postures racistes, soit continuer avec hypocrisie dans le statu quo pour d'autres raisons.

Mais cette relation récurrente de la notion de grandeur avec le racisme n'est qu'une interprétation limitée du phénomène. En effet, en mettant fin à l'Empire colonial, les responsables politiques français ont minimisé la fonction et le prestige de l'armée et orienté le pays vers une notion de grandeur sur des bases industrielles, commerciales et financières, privilégiant ainsi l'économique. Cette évolution ouvre une dimension nouvelle qui questionne la relation du politique et de l'économique, d'une part, et celle de la nature démocratique ou oligarchique du régime, d'autre part. Dans ce contexte, la France doit disputer sa présence sur les marchés mondialisés, particulièrement concurrentiels, en considérant que sa dimension propre ne lui donne aucun avantage face aux États-Unis d'Amérique ou à terme face aux pays émergents.

Cet état de fait conduit à poser le problème plus général de savoir comment invoquer la grandeur quand on vit dans une ambiance de déclin relatif devant les nouvelles structures d'influences planétaires.

Il n'en reste pas moins que le terme est constamment évoqué dans le discours politique : constitutif de l'identité française, il ne saurait être balayé aisément, même si un ensemble de faits semble s'opposer à donner un contenu concret à cette notion. Face aux élans quasi mystiques d'un Président qui se dit jupitérien, ou face à un Président qui revendique une forme de normalité, le pays a pris le parti d'écouter un message qui porte la grandeur comme un passage obligé. Toute la question est de savoir si ce discours n'est pas condamné à tomber en désuétude.

« Notre pays tel qu'il est, parmi les autres,
tels qu'ils sont, doit, sous peine de danger mortel,
viser haut et se tenir droit.
Bref, à mon sens, la France ne peut être la France
sans la Grandeur »

Charles de GAULLE, *Mémoires* – Librairie Plon, 1954

« La conception de la Grandeur dépend elle-même
des fluctuations historiques »

Karl JASPERS

La Cinquième République
et l'idée de grandeur

La Cinquième République naît le 4 octobre 1958 d'une impossibilité à résoudre le problème colonial français dans le contexte de la guerre froide. Les différentes colonies et protectorats du Second Empire aspiraient à retrouver une indépendance que la forme politique de la France sous les Troisième et Quatrième République ne pouvait leur donner. C'est sur les lambeaux de cet empire qui n'en pouvait plus de se disloquer que la Cinquième République a émergé.

Cet aspect est fondamental, car constitutif de la nature de cette institution. Elle naît d'une pression dans l'urgence : il fallait régler le problème de l'Empire et tenter d'établir des relations apaisées avec un ensemble de peuples diversifiés avec lesquels la France de la Troisième République avait noué des liens très étroits, voulus durables. Il fallait éviter à la France de perdre son prestige international et surtout la dislocation interne du pays. Il fallait garder sa grandeur. Néanmoins malgré ces efforts, il s'avère que de nombreux points n'ont pu être pleinement réglés laissant des séquelles, voire des ressentiments, dans de nombreux domaines. De nos jours, nous observons, par exemple, qu'un parti politique comme le Front national appuie sa mythologie et sa notoriété sur des arguments liés à l'Empire fantasmé qui perdure et n'en finit pas de disparaître.

L'Empire porte en un sens l'idée de grandeur de la France. Il est cette forme politique qui se fonde sur la conquête et la puissance. Curieusement ce rapport de force aspire toujours à la paix. On se souvient de la *Pax Romana* antique. L'Empire veut une paix positive : non pas simplement l'absence de guerre, mais veut atteindre l'union des cœurs comme dira encore Spinoza, philosophe hollandais du XVIIe siècle et grand penseur de la puissance. La France n'échappe pas à ce principe.

Dans l'Empire, l'empereur est supérieur aux rois. Il est dominant. Tout citoyen peut en théorie opposer au roi local le droit impérial. En d'autres termes l'Empire commande aux rois.

C'est en tant que puissance impériale que la France a pu se former une image positive d'elle-même. Ainsi, quand le général de Gaulle affirme qu'il a toujours eu une certaine idée de la France, il ne fait que confirmer son appartenance à l'époque impériale.

Néanmoins, il apparaît que le général, a, vis-à-vis du concept de grandeur, un rôle délicat et ambigu. Il est rappelé aux affaires en 1958 parce qu'il est le héros de la Seconde Guerre Mondiale et considéré comme le seul homme qui puisse permettre au pays de se donner une image de soi moralement acceptable. Il est donc le grand homme au sens quasiment hégélien du terme : celui qui incarne l'Esprit de son temps, l'individu en qui s'incarne l'universel. En même temps, sa mission est de démanteler l'Empire, soit l'entité essentielle qui donnait une forme de grandeur à la France.

De là surgit une tension à l'intérieur même de l'idée de grandeur. La question devint ainsi de résoudre le dilemme : comment abandonner l'Empire et maintenir le prestige, la grandeur de la France dans la communauté internationale. Le pays ne pouvait donc accepter cet affaissement qu'au prix de se donner un grand homme qui pourrait trancher et imposer les dispositions nécessaires, c'est-à-dire à un homme charismatique aux pouvoirs rationnels, comme le dit Hegel, mais également magiques et difficilement saisissables, comme le dit Max Weber.

Cette problématique de la grandeur nous paraît constitutive de la Cinquième République : elle est celle d'une puissance déclinante qui ne veut pas accepter son déclin sur la scène mondiale. La difficulté est de savoir s'il s'agit là seulement d'un déni de réalité d'ordre psychologique ou s'il y a dans les faits des raisons de croire au maintien du rang de la France dans le monde malgré un sentiment diffus de perte de puissance et de prestige.

Il est intéressant d'observer comment, par la suite, cette thématique de la grandeur a pu évoluer et se métamorphoser. Tous les Présidents y ont eu recours. Tous y ont pensé. Cela s'explique pour des raisons psychologiques sans doute mais également pour des raisons structurelles. Cette idée est nécessaire à l'essence de ce régime. Elle n'est pas une question subsidiaire, mais caractérise la nature même de cette forme de République.

Cette idée présente sa difficulté conceptuelle *a priori,* mais reste sujette à l'évolution des conditions historiques. L'expérience historique fait que le domaine d'application change avec l'évolution du monde. Le mot grandeur n'a plus la même acception quand on se place à la fin de l'ère impériale dans les années 1950 et aujourd'hui, en pleine mondialisation. Une réflexion conceptuelle est donc nécessaire pour en définir les contours. C'est ce que nous entreprenons dans un premier temps, indépendamment des considérations à l'origine de la Cinquième République Française.

Cela nous conduit, de fait, à mettre en évidence le rapport direct établi entre cette nouvelle structure politique et les exigences de la grandeur considérée nécessaire pour la France d'après le général de Gaulle. Cette question est essentielle car nous observons que les origines et les fondements de cette notion sont disparates et opposés : d'une part, elle relève d'une politique impérialiste révolue et d'autre part elle s'appuie désormais, avec la Cinquième République et ses réalités culturelles, sociales, industrielles et géopolitiques en profondes mutations, sur un socle nouveau mettant peut-être en cause le principe de sa pérennité.

L'émergence d'une classe moyenne impose un nouveau rapport au bonheur, au sens de la vie et à la grandeur en général. Les ambitions ne sont pas les mêmes quand le rôle de l'armée est compris comme combattant sur des terrains extérieurs et lointains ou intérieurs aux frontières protectrices du pays. L'aspect charnel du combat évolue pour se diluer dans le virtuel.

Dans une société de consommation, le rapport à la grandeur est autre. Les héros sont peut-être les hommes d'affaires qui ont en même temps un rôle ambivalent parce que leur goût vénal apparaît méprisable pour une tranche importante de la population. Le fait est que la grandeur mute, mais ne disparaît jamais tout à fait. Les ambitions de grandeur politique toujours affichées n'ont jamais complètement disparu. Du général de Gaulle, qui n'acceptait pas de se mettre sous le joug américain et qui développa, par exemple, l'arme nucléaire, jusqu'aux aspirations de Jacques Chirac qui refusa de donner son aval aux États-Unis pour envahir l'Irak, il y a dans ces deux exemples une même volonté de ne pas se comporter en vassal d'une puissance supérieure et la volonté de montrer que la France est autonome et non une nation servile. On retrouve toujours une dialectique de la maîtrise et de la servitude qui anime cette politique de grandeur volontaire de la Cinquième République française. Nous verrons donc les métamorphoses diverses de cette grandeur désirée dans un second point.

Il y a une contradiction entre l'inconscient idéologique qui consiste à admettre que la grandeur implique l'Egalité en respect de la conscience de soi de la devise : Liberté, Egalité, Fraternité et le fait que si tout est égal, rien n'est grand.

Il y a un certain nombre de réalités inavouables qui sont contenues dans cette volonté de grandeur française. Apparaît ainsi en particulier, une forme de racisme qui reste un thème récurrent de la Cinquième République depuis sa fondation. Il résiste à tous les discours moralisateurs et à toutes les formes d'enseignement de l'histoire choisies par la République. Derrière l'histoire officielle enseignée par l'école républicaine, se cache toujours l'histoire du vase de Soissons, beaucoup plus sournoise, mais qui rappelle selon la formule de Michel Foucault, qu'à côté des citoyens heureux et aptes à intégrer une société ouverte, il y a également un discours qui dit qu'il faut défendre la société, que celle-ci est menacée par un ennemi sournois et intérieur et que la grandeur ne peut consister qu'à préserver cette société. Nous serons donc conduits à analyser ces liens sournois entre la grandeur et le racisme en un troisième lieu.

Cela nous conduira dans un quatrième temps à montrer un autre aspect de l'inconscient qui loge dans le domaine de l'économie vue comme le lieu de la réussite et du bonheur pour ceux qui en tirent les bénéfices et comme un lieu d'oppression pour ceux qui en pâtissent. Il est vrai que sur le long terme la richesse des Français a fortement progressé, mais il est également évident que cette richesse a été obtenue au prix de certains sacrifices qui ont nui à la grandeur du pays : une augmentation forte du chômage, notamment, qui pousse les uns et les autres à s'interroger sur les valeurs d'une société qui exclut une large partie de sa population. La question posée sera donc de savoir ce que signifie cet échec pour un régime qui souhaite faire de la grandeur une question de fond.

I.

Ce que le mot grandeur signifie

La poursuite de la grandeur sert de légitimation à la Cinquième République. Cette notion est plus ou moins vague. Cela est nécessaire car sans ce vague, elle ne pourrait pas s'adapter à différentes époques. La société de 2017 ne correspond plus, d'un point de vue sociologique, démographique, technologique à celle de 1958, mais la nature des institutions a assez peu évolué. Cela montre une forme de plasticité du régime. Celui-ci sait s'adapter aux changements de la société. S'il peut le faire, malgré les obstacles, c'est parce que la dimension politique incarne une certaine forme constante de prestige et de grandeur.

Il reste alors à déterminer ce qu'il faut comprendre par ce concept. Il a un caractère vague, mais également une certaine forme. La lecture de Plutarque peut nous éclairer sur cette notion. Dans l'Antiquité, il écrivit *Les vies des hommes illustres* et posa le problème général de la noblesse. On trouve dans son texte des hommes qui ont été empereurs comme César ou Alexandre, des fondateurs de cité comme Romulus et Thésée. Le grand homme, c'est celui qui donne une forme à un empire, qui lui donne une réalité politique. Ce peut être un empereur, mais ce peut être également un aventurier. Ce rapport à l'aventurisme est essentiel également. Des gens comme Dion, Brutus, Démosthène ou Cicéron ne dirigèrent pas des empires. En revanche ils occupèrent des influences importantes dans la vie des formes politiques auxquelles ils appartenaient. On retrouvera ce genre de profil plus tard chez André Malraux par exemple : Ministre de la Culture et proche du général de Gaulle, il fit connaître ses qualités de grand écrivain en obtenant le prix Goncourt pour *La Condition humaine*. Son ouvrage *L'Espoir* montre ce tiraillement entre la volonté de vivre des aventures, de prendre des risques, mais de céder par la même occasion à ce qu'il appelle « l'illusion lyrique » et les structures de la guerre, du conflit, du rapport à la mort qui rappelle à l'individu sa triste réalité. En posant les fondements de la Cinquième République, les fondateurs avaient pris la mesure de ce double jeu : d'une part, une structure étatique censée perdurer et survivre à la mort des individus et, d'autre part, une possibilité de s'engager sur une nouvelle voie par le biais d'aventures plus ou moins contrôlées. Le régime regorge d'aventuriers politiques, d'aventuriers dans le monde des affaires qui avec des parcours très différents, sont parvenus à devenir les héros d'une histoire qui est celle de la réussite. On peut multiplier les exemples dans ces domaines. Le grand couturier, le grand joueur de football, le grand X est partout recherché, étant entendu qu'il est subordonné au politique qui lui remet sa Légion d'honneur comme à un vassal.

Par nature, la grandeur réserve à l'État une position dominante. Il faut que la réalisation des projets soit pensée comme assujettie au politique. On peut réussir hors du politique, mais on ne peut le faire qu'à condition de reconnaître celui-ci comme transcendant, c'est-à-dire comme dépassant l'ordre de la simple société. Il y a une hiérarchie qu'il faut reconnaître : celle-ci place l'État en haut et ce n'est que par le haut que l'on peut reconnaître une avancée de la société. Cette avancée de la société n'est comprise que par le haut. Car la grandeur, ce n'est pas simplement celle des individus, mais celle des structures.

À ce stade, on voit le côté plus noir de la grandeur : celle-ci ne concerne pas simplement la gloire des rois, elle tient également à la puissance des structures auxquelles aucune puissance ne résiste.

C'est sans doute dans la pensée allemande que la question de la grandeur s'est posée avec le plus d'acuité. Durant les guerres de religion, le cardinal de Richelieu avait réussi à maintenir l'Allemagne divisée en une myriade de petits États qui ne parvenaient pas à prendre une forme politique puissante. L'unité de cet ensemble de structures éparses fut une des grandes questions posées à la pensée métaphysique et politique allemande. Cette question est métaphysique parce qu'elle pose la question de l'union de l'un et du multiple. Elle est politique parce que c'est bien une forme politique qu'il faut donner à l'institution qu'on souhaite créer.

L'une des solutions proposées fut celle du recours au « grand homme, » sorte de héros fondateur qui devait saisir l'essence de la Germanité. Cette question traverse la pensée allemande d'Emmanuel Kant à Friedrich Nietzsche. Elle prend son importance décisive avec Hegel qui assiste à l'entreprise impérialiste de celui qui peut passer pour le modèle de tout grand homme : Napoléon. De Hegel à Nietzsche, il a incarné la figure du grand homme. Il est considéré par Hegel comme celui qui a su donner une forme, mettre en forme la Nation française qui sombrait dans le chaos à la suite de l'épisode révolutionnaire. Mais s'il est vu comme un grand homme, c'est parce qu'il exprimait la vérité de la Révolution française. Il y avait quelque chose de faux dans l'Ancien Régime français. Mais il y avait également quelque chose de faux dans la Révolution qui voulait fonder un nouvel ordre sans s'appuyer sur un grand homme. Cela mena à la terreur. Napoléon, c'est-à-dire le grand homme, fut celui qui réussit à fonder un ordre sans tomber dans la barbarie. Il ne nous appartient pas ici de restituer la logique de l'histoire de Hegel dans ses détails. Il nous faut simplement remarquer que la dialectique de la grandeur est une dialectique du grand homme qui, partie d'Allemagne, pour les exigences de la politique allemande du XIXe siècle, est revenue en France en 1958 avec l'instauration de la Cinquième République.

Que fait le grand homme ? Si on suit ce qu'en dit Hegel, c'est un homme qui poursuit son intérêt, mais qui poursuivant son intérêt institue une structure universelle. Il comprend son époque, mais cette compréhension n'est pas une compréhension intellectuelle. C'est une compréhension par des actes. Comprendre, c'est agir et transformer le monde. C'est donc toujours par une structure négative, celle du changement que la compréhension du monde advient. Le grand homme est celui qui fait advenir le changement comme une détermination positive. Cela est contradictoire. Mais c'est la contradiction qui est vue comme la vérité de l'histoire. C'est le changement qui permet d'éliminer les formes mortes. Hegel montre comment César par exemple, apparaît comme l'homme qui a su surmonter les contradictions de la République romaine :

> « César savait que la République était un mensonge, que Cicéron ne faisait que tenir des discours vides, qu'une forme nouvelle devait prendre la place de cet édifice creux, que la forme qu'elle créait était nécessaire ».

Si on remplace ici César par général de Gaulle et République par Quatrième République, on a une description de ce qui s'est passé avec l'instauration de la Cinquième République. Cela ne signifie jamais pour autant qu'une chose : la compréhension de l'histoire était importante pour les dirigeants de l'après-guerre et Hegel apparaissait comme une sorte d'intellectuel dominant. Cette compréhension de Hegel avait évidemment ses avantages : elle créait une logique de la contingence, une sorte de logique illogique qui permettait certainement de proposer le dépassement des formes antérieures comme une nécessité. Avant d'être existentiel, le travail de Hegel permettait surtout d'être logique. Elle permettait de donner une légitimité au changement.

Or le changement est apparu comme une nécessité. Le problème était celui de la perte de puissance de la France. La grandeur implique toujours la puissance. On sait que depuis la seconde Guerre mondiale, la France apparaissait comme déclassée par rapport aux Soviétiques et aux Américains. Sur la scène internationale, la perte de prestige semblait irrémédiable. Lors de l'affaire de Suez en 1954, Nasser qui passe pour un grand chef arabe réussit à tenir tête aux Français et aux Anglais grâce au soutien des Russes et des Américains. La France apparaît comme une puissance de second ordre qui ne sait pas ce qu'elle veut. Sur le problème de la décolonisation, elle apparaît comme divisée et l'opinion semble comme sans passion et atone. Ce sont là deux formes de l'absence de grandeur.

Le propre du grand homme, c'est de savoir ce qu'il veut, même si ce savoir est un savoir d'action. Le propre du grand homme, c'est également d'être animé par les passions. Or le caractère absolument atone de l'opinion publique avec le démantèlement de l'Empire et la bataille de Diên Biên Phu montre un pays dépassé et incapable de créer de la nouveauté.

C'est l'indifférence qui primait dans l'opinion. On dira que c'est un conflit lointain. La guerre était coûteuse, on ne comprenait pas en France pourquoi on la faisait. Seul Mendes France en 1950 proposa une position lucide : tripler le nombre d'hommes ou bien négocier avec Hô Chi Minh. Mais rien de tout cela ne fut engagé. La France était assujettie aux Américains hantés par le communisme. Aucune politique autonome ne put être mise en place dans ces conditions. Cet affect de la peur étant dominant, la politique devint complètement incohérente et la défaite certaine : manque d'effectifs, manque de moyens militaires en général annoncèrent une défaite. Ils montrent surtout que la France ne jouait plus un rôle central. La cuvette de Diên Biên Phu apparut comme le symbole d'une France impuissante et sans grandeur. Mille cinq cents morts furent recensés lors de la dernière bataille, quatre mille blessés graves et douze mille prisonniers. Le désastre était complet. Il n'y eut qu'une bataille rangée dans l'histoire de la décolonisation et la France l'a perdue. Cette défaite était le prélude à l'effondrement du régime. Pierre Mendès France résumera la situation en disant : « Nous sommes en 1788 ».

Remarque étrange, mais qui montre bien que le problème de la survie du régime était intimement lié à la décolonisation. Il est vrai que la Quatrième République survivra quatre ans à cette défaite, mais ce n'est que d'une façon moribonde. En coulisse on s'affairait à bâtir les fondements d'une nouvelle Constitution. Celle-ci ne pouvait plus reposer sur un parlementarisme qui divise et empêche les décisions fermes.

La Quatrième République, c'est la multiplicité des perspectives. Mais cette multiplicité conduit à un étiolement et à l'apathie. C'est l'inaction qui est ici criante. Quand Mendès-France réclamait une politique conséquente en 1950, il tenait une position responsable. Mais il ne put rien faire contre la machine à tout égaliser et à tout niveler qui conduit à l'inaction. Si tous les points de vue se valent, on ne peut rien faire. C'est cet état de fait qui est devenu complètement criant dans cette Quatrième République agonisante.

La notion de grandeur sous sa forme positive, implique d'éclairer une vision. Elle implique également d'établir des caractères propres. Le philosophe allemand Karl Jaspers dira que ce qui caractérise la grandeur, c'est de donner une forme d'englobant. Par-delà les pensées fragmentaires et les avis qui à force de se diviser ne donnent rien, c'est-à-dire aucune action, la grandeur introduit des normes nouvelles. Elle n'est pas simplement dans le négatif, mais elle est aussi positive. Cela Hegel l'avait bien vu. Mais Jaspers l'a sans doute mieux assumé. C'est cette notion d'un englobant positif qui est la clé de la constitution de la Cinquième République.

Celle-ci est évidemment taillée pour le général de Gaulle. Devant la défection de la Quatrième République, confrontée aux difficultés posées par la décolonisation, il fallait faire appel à un homme reconnu comme un sauveur. La débâcle vécue en Indochine n'était rien à côté de ce qui s'annonçait en Algérie. L'Algérie avait été pensée comme la France et intégrée comme telle par les législateurs français eux-mêmes. Les structures administratives étaient directement copiées sur celles de la métropole. L'Algérie, c'était trois départements français. Il ne pouvait être question de parler d'indépendance dans ces conditions établies pour toujours et pourtant il était nécessaire désormais d'en parler. Seul un grand homme pouvait œuvrer à résoudre cette difficulté.

Le grand homme, c'est d'abord comme le dit Jaspers un homme irremplaçable. Jaspers en fait le premier élément de la grandeur. Le caractère transcendant est fondamental. Le grand homme est irremplaçable parce qu'il se situe au-delà des oppositions. Il rassemble des courants qui sont pourtant opposés dans leurs convictions, dans leurs passions. Cela suppose une certaine dimension charismatique. Mais cette légitimation par le charisme est sulfureuse. Nombreux sont les dictateurs qui ont fait de cette dimension une des clés de leur prise de pouvoir et une clé de leur perpétuation à la tête de l'État. En 1958 les expériences nazies et fascistes restaient solidement ancrées dans les mémoires. Le tour de force du général de Gaulle est d'avoir su imposer une Constitution du grand homme approuvé par *référendum* malgré la catastrophe récente. Il est vrai qu'un certain nombre de garde-fous aménageaient la forme de la Constitution pour modérer son caractère autoritaire. Ainsi, un caractère bicéphale du pouvoir : le Premier ministre est nommé par le Président, mais est responsable devant le Parlement. Cela peut engendrer quelques difficultés en cas de cohabitation. Il se trouve que dans les faits et les pratiques, c'est le Président qui a toujours gardé l'initiative.

Observons pour le moment les problèmes liés à cette grandeur et son caractère quelque peu irrationnel. La Quatrième République étant morte de mort lente et douloureuse, il était nécessaire de prendre l'initiative en se donnant la possibilité de l'action. Il fallait réussir à débloquer le monde politique. Le général de Gaulle est apparu comme l'homme de la situation. Il fallait qu'il convertisse cela en une œuvre, ce qui est une nécessité de la grandeur comme le remarque Jaspers :

> « La Grandeur ne réside dans cet irremplaçable que lorsqu'elle conquiert un caractère objectif par le moyen d'une réalisation, d'une œuvre, d'une action, d'une création, et quand, dépassant tout cela, elle devient vérité pour tous, avec le caractère de ce qui n'est qu'une fois ».

L'œuvre de la Cinquième République fut d'abord l'émergence d'une Constitution ouvrant, d'une part une possibilité d'action et, d'autre part, une possibilité d'engager les procédures afin de se séparer de cette forme de puissance impériale. Le grand problème de la France fut de se séparer de son Empire qui en faisait simultanément la grandeur et une cause de décadence. C'était une condition de la grandeur parce que l'Empire permettait d'être présent sur l'ensemble du monde. C'était une cause de décadence parce que l'Empire attaquait la France sur tous les fronts. De ce point de vue on avait affaire à une cause d'affaiblissement. Le rôle du général de Gaulle aura été de faire la transition d'une grandeur de type colonial vers une grandeur d'un autre type. Ce n'était pas son dessein à l'origine, mais il a orienté la France vers un type nouveau de légitimité au-delà de la simple légitimité charismatique.

Max Weber distinguait trois types de légitimation politique qui, même s'ils n'existent jamais à l'état pur dans les faits, peuvent orienter la réflexion. On distinguait la légitimité charismatique, la légitimité traditionnelle et la légitimité rationnelle.

La première, comme nous l'avons dit, semble la plus irrationnelle. Elle tient dans une relation de foi dans le grand homme. Il n'y a que Hegel qui voit une ruse de la raison dans un tel état. Ce faisant, il prétend sauver la rationalité. Il ne fait pourtant pas véritablement de doute que ce type de légitimation n'est pas toujours très réfléchi. Il est ce type de légitimation qui est à l'œuvre dans l'origine de la Cinquième République. Le *référendum* de septembre 1958 était celui de la foi en un homme à la fin d'un régime épuisé.

La seconde forme de légitimation est celle de la tradition. Elle ne pouvait être à l'œuvre à l'origine de la République en 1958 car c'était une époque où il fallait rompre avec une histoire d'au moins cent vingt ans. La rupture et la tradition font assez mauvais ménage. Cependant comme nous le verrons, la légitimation par la tradition possède également un lien avec la grandeur : elle est celle de la conservation d'un passé plus ou moins fantasmé. Elle s'est incarnée dans les partis dits extrémistes : ceux d'extrême droite qui font jouer contre le régime la grandeur de la race et qui n'acceptent pas le démantèlement de l'Empire et ses compromis. Cette forme de légitimation refuse l'immigration considérant que si on n'accepte pas la domination impériale française, on doit au moins avoir la décence de ne rien lui demander. C'est là une question qui se pose dès le commencement de la Cinquième République, mais qui apparut au grand jour sous les années Mitterrand quand le Front national promu par la famille Le Pen commence à jouer un rôle incontournable dans le paysage politique français. À la grandeur de l'appareil d'États, le Front national oppose la grandeur de la nation, reprenant de façon idéologique une histoire de France différente de celle qui est enseignée à l'école républicaine et qui conduit les Français à se donner une identité différente. De ce point de vue, la deuxième forme de légitimation permet de voir une seconde idée de la grandeur : celle de la grandeur des traditions. Ce n'est plus la grandeur du grand homme, de celui qui impose de nouvelles normes, c'est la grandeur d'un passé mythique.

Il est toutefois certain que les choses ne sont pas aussi simples puisque le parti d'extrême droite joue également la carte de la légitimité charismatique et que ses leaders se distinguent également par leur qualité de tribun populiste. On fera également remarquer que la grandeur donnée par la légitimité de la tradition est aussi incarnée par des partis plus modérés et plus affiliés à la bourgeoisie. Les partis dits « de droite républicaine » ont également recours à ce genre de grandeur se référant d'ailleurs au général de Gaulle comme à un étendard. La différence fondamentale est que bien souvent ils le firent pour conserver, alors que le général le faisait pour rompre.

Reste la question de la troisième forme de légitimité. Avec l'émergence au cours des années 1960, d'une classe moyenne élargie et de la société dite de consommation, une légitimation de type administratif se développe. Celle-ci est la légitimité rationnelle dans sa quintessence : « Observation et Contrôle ». Cette forme est en délicatesse avec l'idée de grandeur. La classe moyenne est opposée à l'idée de grandeur. Elle privilégie les idées égalitaristes. La rationalité administrative s'appuie par nature sur les fonctionnaires. Elle permet de constituer des troupes soumises et fidèles à l'État. Les fonctionnaires doivent à celui-ci leur statut, leur salaire et la quasi garantie de leur emploi. D'une certaine façon les gens travaillant dans l'administration publique peuvent voir dans leurs fonctions une source de grandeur dans la mesure où ils peuvent considérer qu'ils sont membres directs de l'État et que ce dernier transcende la société. En s'attachant à l'État, le fonctionnaire peut avoir l'impression d'être appelé à une tâche plus élevée que celle de la société civile qui, pour sa part, est cantonnée à la simple création de richesses dans le cadre de la loi du marché et du profit. Cette supériorité peut donner l'impression d'appartenir à une sorte d'ordre aristocratique, concernant la fonction publique et non aux sombres intérêts de la sphère privée. Malheureusement, cet ordre est également un ordre administratif créant de nombreux blocages et lourdeurs. Ici, s'il est possible de parler de grandeur, ce n'est que dans la mesure où l'État transcende la société. On se retrouve à nouveau devant une lecture hégélienne de l'histoire où une hiérarchie entre État et société est construite affirmant que l'État est dominant. D'une certaine manière, c'est toujours l'État qui impose sa volonté à la société. Cependant, la plupart des tensions tiennent dans une mécompréhension de la société par l'État et par une volonté de la société de se prendre en charge.

Deux exemples illustrent le problème de la hiérarchie entre la société et l'État. L'État se sent supérieur à la société, mais est toujours menacé par cette dernière comme par une bête qu'on n'a pas complètement réussi à apprivoiser.

Une crise comme celle de 1968 qui a débuté dans l'université et s'est étendue à tout le pays n'a jamais été assimilable à une révolution. Ce fut une sorte de grande jacquerie de la société civile qui ne se reconnaissait plus dans ses élites et dans l'État. La société essaya de se prendre en charge et de renverser l'État dans sa grandeur. Elle échoua. Cependant l'État se souvint de la leçon et resta attentif afin qu'aucune autre crise de cette ampleur ne puisse se produire par la suite. Cet épisode cristallise une somme de questions sur la grandeur ; nous y reviendrons par la suite.

L'autre exemple sur lequel on peut revenir est celui de l'opposition à la loi Savary sous la présidence de François Mitterrand en 1984. La querelle de l'école libre exprimait un conflit larvé entre l'État et la société. L'État s'est heurté violemment à la société qui entendait conserver une certaine liberté dans l'éducation. On préférait une école dont l'enseignement ne dépendrait pas uniquement de l'État. Ce soupçon contre l'État se retrouve à gauche et à droite. Un sociologue éminent comme Pierre Bourdieu signale qu'en ce qui concerne l'État, on ne doute jamais assez. Des historiens philosophes comme Michel Foucault ou des philosophes comme Deleuze, eux également fonctionnaires, mettent en question l'action de l'État dans les années 1970. Mais c'est surtout dans les mouvements de droite que la réaction et la remise en cause de l'État par la société se manifestent avec l'opposition à la loi Savary. Ce qui est en question avec l'éducation, c'est la constitution de l'identité des citoyens français. Cela se manifeste en particulier avec la question de l'enseignement religieux qui n'est pas accepté à l'école laïque et avec l'enseignement de l'histoire. Cet enseignement de l'histoire apparaît comme un point de crispation pour tout ce qui concerne les idéologies, c'est-à-dire la conscience de soi imaginaire de la société. Le thème sera repris avec la question de l'identité nationale sous Nicolas Sarkozy ou avec le programme de François Fillon lors de l'élection présidentielle de 2017. Ce point montre la difficulté d'un enseignement qui ne dit pas simplement ce qu'il faut savoir comme avec les mathématiques ou les sciences en général. L'enseignement a aussi pour fonction de constituer la conscience de soi citoyenne des élèves. Même s'il revendique une neutralité axiologique dans le récit qu'il dispense et affirme atteindre une forme d'« objectivité », il est bien contraint de reconnaître que le pouvoir d'enseigner l'histoire en fixant les programmes n'est jamais neutre. Il est toujours entaché par des évaluations discutables. L'historiographie est au moins aussi importante que le contenu historique qui est enseigné. Les batailles dans ce domaine ont toujours fait rage. Cela est d'ailleurs lié à la nature de la matière elle-même où le sujet est toujours plus ou moins ambigu. Quoi qu'il en soit le mouvement de 1984 avait montré que la société pouvait émettre de sérieuses réserves sur la capacité de l'État à dispenser une vérité en ce domaine. Le fait de dire que c'est aux historiens d'écrire l'histoire n'est qu'un pis-aller. Les historiens sont formés par l'État et les concours qui sélectionnent drastiquement les professeurs sont des concours d'État. Ce qui se joue derrière le combat pour « l'école libre », c'est de savoir qui est maître de la conscience de soi des citoyens français : la société ou l'État. Ce combat recoupe l'idée de la grandeur. Mais la lutte est ici complexe dans la mesure où elle croise un des principes qui fait la fierté de la France depuis un peu plus d'un siècle maintenant : la laïcité. La laïcité est la séparation de l'Eglise et de l'État. Elle impliquait une rupture avec l'histoire de France qui jusqu'à Louis XVI avait sacré les rois dans la cathédrale de Reims. Si le roi concentrait le pouvoir politique, l'ensemble des croyances sociales relevait de la religion. L'alliance de l'une et de l'autre impliquait que le politique demande à l'institution sociale la plus importante de le reconnaître comme tel. De ce point de vue, la séparation des deux ordres avait pour conséquence un changement complet dans la légitimation du pouvoir. Que l'Eglise ait eu à renoncer à toute prérogative politique entraînait pour elle une humiliation. Elle n'était cependant pas prête à tout sacrifier et l'action de 1984 montrait que la grandeur de l'État ne pouvait s'étendre complètement dans le domaine de l'éducation. On voit donc au travers de cet État comment la légitimation du politique par une grandeur administrative n'était pas acceptée partout et que la société menaçait toujours de se rebeller quand l'État devenait dangereux.

Nous voyons donc que l'idée de grandeur est fondamentale dans la mise en place de l'État au cours de la Cinquième République. Elle se fonde sur trois types de légitimation du politique. La première d'entre elles est une légitimation de type charismatique. Elle s'est incarnée dans un homme comme le général de Gaulle de manière évidente. Dans une moindre mesure et ce parce qu'aucun autre homme n'avait été auréolé du statut de sauveur de la nation et de grand organisateur de la Résistance, on peut sans doute trouver François Mitterrand ou Jacques Chirac. Ce statut vient du caractère de sauveur de la nation au travers d'un pouvoir irrationnel.

La seconde légitimité qui parcourt sourdement toute la Cinquième République, c'est celle de la tradition, de l'éternel hier. Elle ne peut servir que de contre-modèle. Si on considère que ce qu'il y a de grand en France, c'est ce passé qui la constitue, on se trouve en porte-à-faux avec la Cinquième République qui voudrait être une instauration d'un ordre politique complètement nouveau. Mais il est certain que cette dimension négative existe. De fait il y a dans ce régime une référence à un passé plus ou moins mythique et imaginaire qui donne aux citoyens leur identité.

Il y a enfin une troisième source de la grandeur de la République : celle de l'administration. C'est elle qui fait la puissance de l'État et lui donne une capacité d'action. Que ce soit l'armée ou les administrations de type social comme l'éducation nationale ou bien les fonctionnaires de la santé, il y a là une forme de grandeur qui survit aux hommes qui sont mortels quand les États ne le sont pas, ou en tout état de cause plus tardivement. L'administration française souhaite apparaître comme un facteur de puissance et de ce fait de grandeur de l'État français. La grandeur est donc assimilée à la puissance.

Tout le paradoxe historique est là : la Cinquième République qui fera de la grandeur un point majeur de sa légitimation, est une forme d'État qui doit se séparer, sans retour possible, d'une des formes fondamentales de cette grandeur : son empire colonial.

Certes l'empire était source de richesses, mais outre ces considérations matérielles, il devait surtout, et également, être l'œuvre de ce grand démiurge que prétend être l'État français. C'est ce que le pays appelle avec une certaine immodestie : « la voix universelle de la France ».

La grandeur française, c'est dans son acception la plus profonde celle de son Empire.

L'Empire français s'incarnait dans une logique de l'ère impérialiste et s'animait autour des notions de race et de bureaucratie comme l'a bien montré Hannah Arendt. Il y avait néanmoins une spécificité française :

c'était la référence au modèle romain dans la constitution de cet empire. Hannah Arendt souligne ainsi que :

> « À la différence des Britanniques et de toutes les autres nations européennes, les Français ont réellement essayé dans un passé récent, de combiner le Jus et l'Imperium, et de bâtir un empire dans la tradition de la Rome antique. Eux seuls ont au moins tenté de transformer le corps politique de la nation en une structure politique d'empire, et ont cru que "la nation française était en marche […] pour répandre les bienfaits de la civilisation française" ; ils ont eu le désir d'assimiler leurs colonies au corps national en traitant les peuples conquis "à la fois […] en frères et […] en sujets – frères en tant qu'unis par la fraternité d'une civilisation française commune, et sujets dans le sens où ces peuples sont les disciples du rayonnement de la France et les partisans de son commandement". Cela se réalisa en partie lorsque des députés de couleur purent siéger au Parlement français et que l'Algérie fut déclarée département français ».

Or ce rêve français qui fit long feu était le rêve de constitution d'un Empire romain. Il importe néanmoins de savoir en quoi il a consisté. L'Empire romain se fondait sur l'idée d'un droit de conquête. D'un point de vue doctrinal cela posait un certain nombre de difficultés à la France qui, depuis la Révolution française et la revendication affichée de l'époque des *Lumières,* n'acceptait pas que la force puisse faire droit. Le philosophe suisse Jean-Jacques Rousseau, par exemple, niait que le droit de conquête fut un droit et fonda un discours sur les sauvages qui étaient vus en tant que « bons sauvages » par une bonne partie de ses lecteurs. Or il était évident que lorsque l'empire colonial français se constitua en Afrique noire, les Européens voyaient ce continent entier, ces pans gigantesques de territoire avec une certaine réticence et une certaine horreur dans la mesure où les populations qui les peuplaient, étaient vues comme des sauvages rebelles à toutes cultures et toutes civilisations. Le discours officiel français fut celui de la bienveillance. La France apportait sa culture et sa civilisation en se présentant comme une puissance tutélaire. L'attitude était similaire à celle de l'Empire romain.

Cet Empire se fondait à la fois sur la conquête comme ce fut le cas avec la Gaule, et sur un système de protectorat comme ce fut le cas avec la civilisation grecque qui fut admirée même si elle était considérée comme inférieure militairement. L'Empire romain se fondait sur une mythologie que personne ne prend au sérieux de nos jours, mais qui servait de principe à l'époque : l'idée d'une puissance jupitérienne qui façonne, qui organise et qui crée un ordre fondé sur une puissance cosmique. Mais le débordement de la puissance se faisait avec une certaine bienveillance. Il ne s'agit pas ici de nier les faits cependant. Il est évident que c'est par le glaive que Rome fondait sa domination impériale. Toutefois celle-ci visait la paix. La *Pax Romana* était l'idéal de l'Empire romain. Il s'agissait de faire cohabiter des populations et des ethnies très diverses sous le joug du droit romain. L'Empire était supérieur aux royaumes et l'empereur supérieur aux rois. Mais il s'agissait là d'un simple compromis. Le roi n'était protégé par Rome qu'à la condition qu'il accepte le droit romain, c'est-à-dire qu'il accepte une forme de sujétion à Rome. Le roi était roi de ne pas être omnipotent. Le fait est que les patriciens romains considéraient les rois comme leurs inférieurs. Cornelia, la mère de Gracques, ne pouvait s'abaisser à se marier avec Ptolémée, roi de Cyrène par exemple. Cet orgueil se fondait sur l'idée simple que les Romains n'obéissaient qu'aux lois et non pas aux hommes. Ils étaient formés par Jupiter et non soumis à la volonté des rois qui n'étaient après tout que des hommes. La supériorité de l'Empire romain était de ce fait de nature morale. Elle tenait d'une part à la liberté qui consistait à la mise en forme d'un monde sous la forme d'un Empire. Il s'agissait d'agir conformément à la volonté de l'univers. C'est ce que les stoïciens et le plus illustre d'entre eux, Marc Aurèle, avaient thématisé avec *L'Amor fait*, c'est-à-dire ce mouvement de la volonté qui fait que vouloir, c'est finalement vouloir ce qui arrive. Mais ce qui arrive, c'est justement cet Empire, c'est-à-dire cette puissance qui façonne le droit.

L'Empire français fonctionna avec le même orgueil que cet orgueil romain. Depuis la Révolution de 1789, l'identité française se tenait à partir d'un nouveau discours : celui du peuple qui avait su se libérer du règne de l'arbitraire royal et qui avait su mettre les droits de l'homme en avant. Le peuple français était celui qui avait énoncé les droits de l'homme. On voit donc sur quelles bases il était légitime de parler d'un empire colonial. Il s'agissait d'énoncer un droit et suivant la métaphore du siècle les *Lumières* dire que le pays allait éclairer les peuples moins avancés. On gouvernait dans une stricte hiérarchie étant entendu que les diverses colonies étaient peuplées d'ethnies moins avancées que les ethnies européennes. Ce faisant et d'un point de vue doctrinal, l'Empire français entrait en contradiction avec son idéal d'égalité entre les hommes. Sa devise de *Liberté, Égalité, Fraternité* pouvait bien fonctionner comme un slogan publicitaire au sens commercial du terme mais elle se heurtait avec la réalité des faits. L'Empire fonctionnait en réalité sur une base contradictoire : celle de l'expansion, là où au contraire étaient affirmés des principes égalitaires. Il y a toujours eu une perception d'une certaine folie de la situation impérialiste : deux principes de la grandeur s'opposaient. D'un côté il y avait le problème de la puissance militaire et de l'expansion, de l'autre il y avait le principe du peuple éclairé qui dispensait sa lumière dans le monde. Il était difficile d'articuler l'un et l'autre. C'étaient les principes mêmes de ce qu'on appelait l'État-Nation qui était mis à mal par cette aventure impérialiste. La décolonisation française qui fut d'ailleurs la décolonisation la plus tardive était censée résoudre cette contradiction en éliminant l'Empire et donc en restaurant la France dans sa dignité de pays porteur des droits de l'homme.

La difficulté de ces droits de l'homme tenait à la difficile perception de ce que pouvait être cet homme en général qui n'appartient à aucun État institué. Tous ceux qui avaient été victimes de crimes entrant en franche contravention avec ces droits, se trouvaient ainsi sans recours quand ils n'appartenaient pas à un État précis. L'une des premières mesures prises ainsi par les nazis à l'encontre des Juifs fut de leur retirer leur nationalité de façon qu'ils ne puissent jamais réclamer des dommages au cas où ils survivraient aux atrocités qu'on leur ferait subir. De ce point de vue les droits de l'homme semblent être une coquille vide. Ils apparaissaient par ailleurs comme une forme politique inacceptable pour une autre grande puissance impérialiste : l'Angleterre. Celle-ci n'acceptait pas les droits de l'homme au motif qu'il s'agissait d'une invention étrangère. Malgré la mauvaise foi habituelle des Anglais, on peut néanmoins voir là un problème véritable. Il peut paraître difficile à un peuple de porter le message de l'universel, alors qu'il n'est jamais qu'historiquement incarné dans sa propre particularité. Il y a naturellement dans un tel positionnement toute la rivalité entre la France et l'Angleterre qui s'exprime. Il n'en demeure pas moins que les Anglais ont toujours opposé un droit des Anglais aux droits de l'homme. Par-delà les rivalités mal placées, il y a aussi derrière cet état de fait une difficulté de taille : c'est la pensée raciste qui surgit. Le fait de dire que les droits de l'homme n'existent pas et ne sont applicables que dans le cadre d'un État qui en garantit l'exécution, revient à reconnaître une hiérarchie entre les types d'humanité. En Angleterre cela se manifesta avec les aspects les plus étranges de la théorie évolutionniste de Charles Darwin. Celle-ci portait déjà la question de la mort en son principe puisqu'il s'agissait de « s'adapter ou périr ». Une telle théorie censée à l'origine expliquer l'évolution des vivants trouva son extension dans la théorie du grand homme qui apparaissait comme le meilleur « modèle » de son espèce. Un premier Ministre anglais comme Disraeli fut un franc adepte de ce genre de théorie et portait ainsi des principes racistes au sein même du Parlement britannique.

Mais ce n'est pas en Grande-Bretagne que l'on vit apparaître les discours racistes. Ces discours furent théoriques et se proposaient de réfléchir à la question de l'effondrement des civilisations. Gobineau réfléchit fermement à cette question et y trouva une explication unique qui fut l'effondrement de la race. Cette pensée faisait suite à la pensée de Boulainvilliers. Celle-ci fut longtemps citée en raison de son analyse sur l'origine de la noblesse française. Cette noblesse française descendrait de la race des Francs germaniques, alors que le peuple descendrait des anciens Gaulois. Une analyse dont il n'importe pas ici de retracer tous les méandres et les ramifications. Ce qui est important, c'est qu'à l'origine de la société, il y a une guerre et un combat jamais interrompu entre deux races. Le discours est celui-là.

Michel Foucault en 1976 en a retracé les contours dans un cours au Collège de France sur le thème de « *Il faut défendre la société* ». Ce cours n'est pas un appel de l'historien à une défense de la société. Il est une analyse de la généalogie de ce discours. Ce que Foucault dit est alors intéressant sur le thème de la grandeur. Il fait la généalogie de l'un des discours de type raciste. Il dit alors que ce qui est compris comme l'origine de la société et de la politique, c'est la guerre. Il faut inverser la déclaration de Clausewitz qui dit que « La guerre, c'est la politique poursuivie par d'autres moyens ». Ce serait au contraire la politique qui serait la guerre poursuivie par d'autres moyens. D'une certaine façon ce cours de Michel Foucault reste explosif, dérangeant et parfaitement scandaleux. Le scandale vient de ce que, un peu moins de vingt ans après le commencement de la Cinquième République, il y a un cours donné au Collège de France qui explique comment l'État dans sa philosophie a essayé de se justifier dans sa fondation par un discours corrompu. Michel Foucault s'en prend à une certaine lecture de Hobbes. Cette lecture de Hobbes assez classiquement admise dirait ceci : « Il y a un État souverain qui apparaît pour mettre fin à la guerre de tous contre tous. C'est ainsi que se constitue la souveraineté. Il y aurait ainsi le passage d'une guerre originelle et mauvaise à un état de paix garanti par un souverain. Ce serait là la justification du politique ». Pour Foucault, l'intérêt de Hobbes n'est pas là. Son intérêt est un intérêt politique et non théorique. Il ne dit pas le vrai. Il donne un discours qui permet de sortir de celui de la guerre permanente. Il neutralise le discours classique de l'extrême droite. Foucault le rappelle en ces termes :

> « L'ennemi – ou plutôt le discours ennemi auquel s'adresse Hobbes – est celui qu'on entendait dans les luttes civiles qui fissuraient l'État, à ce moment-là, en Angleterre. C'est un discours à deux voix. L'une disait : "Nous sommes les conquérants et vous êtes les vaincus. Nous sommes peut-être des étrangers, mais vous êtes des domestiques". À quoi l'autre voix répondait : "Nous avons peut-être été conquis, mais nous ne le resterons pas. Nous sommes chez nous et vous en sortirez". C'est ce discours de la lutte et de la guerre civile permanente que Hobbes a conjuré en replaçant le contrat derrière toute guerre et toute conquête et en sauvant ainsi la théorie de l'État. D'où le fait, bien sûr, que la philosophie du droit a ensuite donné comme récompense à Hobbes le titre sénatorial de père de la philosophie politique ».

Le but du discours de Hobbes n'est donc pas celui de donner une théorie de l'État. Son but est d'éteindre le feu déclenché par un discours qui dit que la guerre est partout. Le fait d'avancer une telle analyse en 1976 montre bien la présence d'un malaise au sein du monde politique français. Ce qui est dénoncé ici n'est pas seulement une mascarade dans l'Angleterre du XVIIe siècle, mais c'est surtout un état de tension à l'intérieur de la société française. Dix ans plus tard, le Front national entrera à l'Assemblée nationale, lieu politique bien différent du Collège de France. Il entrait dans le corps législatif. Vingt-six ans plus tard, il s'invitera de manière inattendue au second tour de l'élection présidentielle et quarante et un ans plus tard il sera là encore plus fort avec un discours de prétendue dédiabolisation, mais avec une ligne directrice qui reste profondément liée au colonialisme français.

Ces points liés à l'Empire concernent évidemment la grandeur de la France. Le discours de la droite la plus extrême est un discours qui ne souhaite pas refonder un Empire, mais qui souhaite rompre tout lien avec les anciennes colonies de façon à les humilier. Cette logique jusqu'au-boutiste de la décolonisation consiste à dire qu'il faut tirer les conséquences de la séparation avec la France. Les anciennes colonies ont voulu l'autonomie et la liberté : elles doivent voler de leurs propres ailes. Cette logique est en quelque sorte inscrite dans la Cinquième République. Celle-ci en se recentrant sur l'État-nation, comme le voulait le général de Gaulle qui ne voyait pas d'action sérieuse possible en dehors de ce cadre, avait deux options : soit exploiter commercialement les colonies, soit les humilier en rompant tout lien avec elles. Le refus de l'immigration et le discours raciste en s'inscrivant dans un discours de la guerre perpétuelle implique une idée de la grandeur comme supériorité militaire et une supériorité de la puissance. C'est un discours extrémiste et négateur des droits de l'homme qui suit néanmoins une ligne cohérente par rapport à la Cinquième République. Il en constitue sans doute l'inconscient inavoué et inavouable. L'autre position, vis-à-vis de la grandeur, consiste à tenir le discours contraire : il s'agit d'aider au développement les sociétés moins avancées. C'est à nouveau réaffirmer sa grandeur, mais le faire dans un cadre plus difficile d'un point de vue conceptuel. Il s'agit toujours d'aider sans humilier, de s'appuyer sur les droits de l'homme, alors qu'en même temps une compétition militaire fait rage (celle de la guerre froide jusqu'à l'effondrement de l'URSS, celle des autres guerres après) et une compétition économique indispensable à gagner si on souhaite rester dans le jeu de la grandeur. Car il est nécessaire de rester dans ce jeu tant l'idée de grandeur reste un principe structurant de la nation même s'il n'a de réalité que verbale.

Ce terme désigne des réalités multiples et contradictoires.

La contradiction est celle d'une grandeur de l'individu d'une part et grandeur d'un peuple, d'autre part. Il s'agit de savoir si c'est un individu qui forme le peuple ou si le grand homme n'est jamais que l'émanation de ce peuple. La Cinquième République donne le statut de grand homme à son Président. On peut se demander si tous les Présidents ont été en mesure d'endosser ce rôle et cette grandeur. Le second volet de la grandeur, c'est celui du lien qu'a le pays avec sa mémoire et son passé. Si le grand homme est celui qui est censé inaugurer une nouvelle ère, éventuellement celui qui du passé doit faire table rase, on peut se demander s'il n'y a pas un conflit entre la grandeur de l'histoire du pays, qui dure depuis deux mille ans si on fait remonter celle-ci aux Gaulois, et la grandeur de l'événement soudain qui s'institue dans la rupture. Il y a également une troisième forme de grandeur qui tient à la nature même de l'État qui s'institue en créant une bureaucratie contrôlant tout et chaque geste et qui est le moyen qui permet à l'État de gouverner. Mais cette manière de gouverner n'implique-t-elle pas une forme de médiocrité au sens de ce qui vise le moyen et jamais véritablement la grandeur ? La question se pose donc de savoir si la nature même du gouvernement n'implique pas dans sa rationalité un élan vers l'absence d'ambition. C'est une question qui se pose avec l'embauche des fonctionnaires organisée de façon méritocratique au travers de concours plus ou moins sélectifs, suivis d'une évolution programmée au travers de grilles qui n'incitent pas particulièrement à la prise d'initiative. Cela peut entraîner d'évidents blocages et lourdeurs dans le pays. On peut de ce fait voir là une contradiction entre la grandeur basée sur le charisme des chefs et le caractère plus ou moins figé des structures administratives à disposition qu'ils sont censés diriger.

Ces trois caractères de la grandeur peuvent apparaître contradictoires en un sens. Mais ils ne sont qu'un point de la complexité du concept. L'autre point tient aux liens entre Empire, Puissance et grandeur. C'est par l'Empire que la France avait pu être grande. Mais c'est également par lui qu'elle s'est trouvée considérablement affaiblie. Toute la question a été en définitive de savoir comment lier la décolonisation à la grandeur. C'est d'une certaine manière ce qui s'est passé quand on a instauré ce régime : il fallait résoudre ce problème de conserver la grandeur tout en procédant à la décolonisation.

II.

Grandeur, maitrise et servitude : La place de la France dans le monde après qu'elle a assumé la décolonisation

Les bases d'une politique de la grandeur : l'ère du général de Gaulle

Après la Quatrième République il fallait absolument en terminer avec l'Empire. La décolonisation devait se faire coûte que coûte. Le colonialisme était apparu comme un élément de la grandeur et du rayonnement de la France. Il pouvait être pour l'État une source de fierté. Sa masse lui permettait d'avoir une audience mondiale. Même s'il était moins étendu que celui des Britanniques, l'Empire s'étendait sur neuf millions de kilomètres carré et avait accru la population de vingt-six millions d'habitants à la veille de la Première Guerre mondiale. Il s'étendait sur quasiment treize millions de kilomètres carrés à son apogée entre les deux guerres, et avec cent-dix millions d'individus atteignait le seuil de cinq pour cent de la population mondiale. Il fit ce que fit l'Empire romain : il mit en ordre les différentes sociétés par la force. Il réalisait par là une œuvre de l'ordre de la volonté de puissance nietzschéenne : il imposait une interprétation du monde par la force mettant en ordre et créant des formes de hiérarchie. Naturellement une telle action violente créait un décalage entre la réalité des faits et les idéaux égalitaires dont la France se prévalait. Les Français insistaient d'ordinaire sur la dimension de progrès que le colonialisme apportait aux populations indigènes en matière de santé et d'éducation. Dans une logique qui était finalement celle du positivisme d'Auguste Comte liant les notions d'ordre et de progrès, la France créait des colonies à son image. Pourtant le tableau fut largement édulcoré et des résistances apparurent dans les colonies s'opposant aux visions et ambitions françaises. Contrairement à l'Empire britannique qui prétendait laisser aux populations indigènes « Le droit des peuples à disposer d'eux-mêmes », la France a tenté de développer une politique d'intégration qui culmina sans doute en Algérie.

L'Algérie, c'était la France. Dès le 9 décembre 1848, le pays fut organisé sur le modèle métropolitain en trois territoires civils et trois territoires militaires. Les territoires militaires étaient délimités en départements. Cela montrait de façon évidente que dans ce cas très précis, le moyen impérialiste français fut celui de la bureaucratie. On imposait une administration vigoureuse de manière à maîtriser les populations locales. On donnait ainsi une forme européenne aux colonies, ce qui était sans doute réalisable dans le cadre algérien.

Le Maghreb était déjà en contact direct depuis l'Antiquité avec l'Europe par les liens du monde méditerranéen. Pour les autres colonies, bien plus lointaines, comme l'Indochine, l'assimilation ne fut pas possible par cette voie et la France ne se risqua pas dans une aventure administrative aussi ambitieuse. Elle y renonça également en Afrique noire où elle occupait une bonne partie de la part nord-ouest du continent.

Lorsque le général de Gaulle prit le pouvoir en 1958, la question de l'indépendance de l'Afrique Noire et celle de l'Algérie était loin d'être réglée. C'est à la faveur de l'impasse algérienne que le général avait été rappelé. Il n'était néanmoins pas véritablement en mesure de définir de façon claire ce qu'il fallait faire. Dans la mesure où l'heure était à la décolonisation, il ne pouvait être question de conserver l'Empire indéfiniment. La décolonisation française prit un tour plus dramatique dans la mesure où elle s'était construite sur une logique assez semblable à celle de l'Empire romain. Il s'était agi non simplement de piller les ressources naturelles des différents pays et d'établir des comptoirs de commerce comme cela avait pu être le cas avec l'Empire britannique, mais également de « civiliser », c'est-à-dire de donner une formation européenne à un monde non européen qui n'en avait pas forcément envie. Cela se passa mal en Indochine où l'humiliation avait été totale. Contrairement au Royaume-Uni, à la structure politique bicéphale, la France n'avait pas les moyens institutionnels pour garder une influence morale d'importance sur les peuples tout en leur donnant une autonomie. Un *Commonwealth* français était impossible puisque les Français avaient tranché la tête de leur roi. Cela posait un grave problème en Algérie qui était assimilée à la France et où s'était installée une population pieds noirs importante qui ne faisait pas de distinction entre la métropole et les départements algériens. Le « *Je vous ai compris* » lancé à Alger par le général de Gaulle le 4 juin 1958 décela la difficulté. Il était évident que le général ne pouvait avoir compris quoi que ce soit à une situation incompréhensible. La lutte se ferait à mort et il n'y aurait pas de compromis. La déclaration gaullienne apparaissait comme celle d'un grand homme qui prétendait transcender les forces antagonistes et leur imposer une raison d'un ordre supérieur. Elle ressemblait cependant plus à la tristesse de Flaubert venant en Tunisie pour retrouver Carthage et y écrire *Salammbô*. Il avait dû constater que cette civilisation était bien morte et enterrée. Le « *Je vous ai compris* » du général de Gaulle signifiait que lui aussi faisait l'expérience que les Empires, comme les civilisations, sont mortels.

Il fallait donc selon des modalités diverses achever la décolonisation. Le général de Gaulle qui se considérait sans doute comme un grand homme, sentait bien que la grandeur française ne pouvait plus passer par la possession d'un Empire. Quand cela était possible, il fallait passer par des solutions politiques. Mais, en Algérie comme en Indochine, ce fut la guerre. L'éviter en Algérie était impossible dans la mesure où l'assimilation du pays s'était faite sans aucun compromis. On ne pouvait rapatrier un peu plus d'un million de personnes en leur expliquant qu'ils revenaient au pays après une mission civilisatrice qui n'avait pas été comprise par les indigènes locaux. Les pieds-noirs étaient nés en Algérie. Ils se considéraient en France et pensaient être chez eux. Le compromis n'était pas possible dans ces conditions. Tel ne fut pas le cas de l'Afrique noire. La décolonisation se passa là sans guerre et prit même un certain retard qui n'était pas dû à une volonté française de conserver des territoires qu'elle savait perdus, mais à la volonté plus ou moins lucide des dirigeants africains de ne pas être abandonnés dans la précipitation.

En Afrique Noire la méthode du général consista à négocier autant que possible en cherchant à créer des communautés où la France présiderait aux destinées des anciennes colonies tout en leur laissant un semblant d'autonomie. Cette politique obtint un certain succès en 1958 laissant croire au général qu'il pourrait maintenir sous sa coupe l'ensemble de ces territoires. Seule la Guinée refusa par référendum les propositions de la France et fut exclue de l'association. De Gaulle refusa de lui donner un quelconque soutien. Le pays se trouva ainsi indépendant, mais complètement livré à lui-même sans espoir de coopération avec son ancien colonisateur. Aucune aide technique ou administrative ne fut envisagée.

Le général fit payer cher à Sékou Touré le fait de refuser de reconnaître la France dans sa grandeur. Il ne fait pourtant pas de doute que le contrat proposé par la France restait insuffisant pour des entités qui se voulaient véritablement autonomes d'un point de vue politique. En fait de décolonisation, le général proposait un maintien de la colonisation dans un cadre moins strict et moins contraignant. L'autonomie restait cependant illusoire. Depuis 1957, le Rassemblement démocratique africain conduit par l'Ivoirien Houphouët-Boigny et le Parti du regroupement africain avec le Sénégalais Senghor réclamaient une reconnaissance du droit à l'indépendance pour les colonies, sans pour autant envisager une application immédiate. Cela permit d'éviter les conflits armés et laissait une marge d'indétermination suffisante pour que la France essaie de s'y engouffrer. Le référendum du 28 septembre 1958 proposait un choix : intégrer une « Communauté » ou de ne pas l'intégrer. Le refus par le vote négatif entraînait le rejet automatique de la communauté proposée. De Gaulle fit clairement comprendre que cette proposition était à prendre ou à jeter. La Communauté permettait une autonomie et une administration dirigée par les États.

Ce premier pas vers l'indépendance était néanmoins lié à des contraintes limitant sérieusement la souveraineté des États de la Communauté. Ceux-ci devaient se soumettre à la présidence française sur des sujets régaliens comme la politique étrangère, la défense, la monnaie, la politique économique et financière, le contrôle de la justice. Ils devaient aussi se soumettre sur les questions concernant l'enseignement supérieur, les transports ou les communications. C'est le Président français qui préside la communauté et en donne l'ordre du jour. Le pouvoir législatif est assumé par un Sénat composé de sénateurs envoyés par chaque pays en nombres proportionnels à leurs populations respectives. Le pouvoir judiciaire se compose d'une cour arbitrale dont les sept juges sont nommés par le Président de la Communauté. En d'autres termes, il s'agit d'une déformation, mais non d'un abandon du colonialisme. Dans ces conditions la seule chose qui soit surprenante, c'est que douze des treize États ont accepté cette entente. Le fait est que la place de la France y était trop dominante. Les résultats du référendum confirmèrent une allégeance à la France mais il n'est pas étonnant dans ces conditions que dans les années qui suivirent la Communauté en question fut démantelée.

La constitution de la Communauté impliquait en réalité que les anciennes colonies de l'Afrique noire vivent en état de dominées. Leur liberté était supervisée par l'État français. Cela entraîna des résistances et à peine la Communauté s'était-elle formée que les présidents du Soudan français Modibo Keita et du Sénégal Léopold Senghor ont annoncé leur volonté commune de créer un nouvel État : le Mali. Cet État fut proclamé de 17 janvier 1959 et la demande de ne pas le voir exclu de la Communauté fut présentée en septembre de la même année. Le général de Gaulle sentant le caractère précaire de cette Communauté qu'il avait mise en œuvre et conscient qu'elle ne faisait que changer la façade de l'Empire sans affecter son essence, accepta le glissement des institutions. Il comprit en réalité que cet Empire s'attachait à la France comme un boulet et l'empêchait en définitive d'être un grand pays. Avec l'Afrique noire, la grandeur de la France tenait dans un refus de la colonisation d'un côté et dans une forme de néocolonialisme qui a perduré jusqu'à aujourd'hui de l'autre. La France pouvait considérer qu'elle apportait son aide aux pays indépendants en leur offrant des soutiens dans leur organisation administrative et militaire. C'est ce qu'on a appelé selon l'expression du chef d'État ivoirien Houphouët-Boigny la Françafrique. Le fait que cette expression péjorative ait été créée par un chef d'État ivoirien montre bien la tension interne qui perdurait dans le mouvement de décolonisation française en Afrique. Celle-ci posait un gigantesque problème. Le colonialisme, ses excès et ses fautes pouvaient passer comme relevant d'un autre temps. C'était là un mouvement assurément contraire à la modernité. Du moins c'est ce qu'on affichait. En coulisse, avec le général de Gaulle, on considérait l'Afrique noire des anciennes colonies françaises comme un pré-carré français. Il n'y avait pas de doute à ce sujet. En 1964, soutenant le président gabonais Léon M'Ba qui avait été victime d'un putsch militaire, la France veillait, de fait, à ce que ces anciennes colonies ne partent pas à vau l'eau sur le plan politique. Elle apportait une aide.

En contrepartie elle bénéficiait sur le plan politique des avantages au niveau mondial. Ces avantages étaient économiques, politiques et culturels. Cela permettait de faire vivre la francophonie. Il est certain, en tout état de cause, que le rayonnement culturel de la France dans le monde tient en grande partie à ces anciennes colonies africaines.

Du point de vue de la question de la grandeur, il y a une terrible ambiguïté. La Cinquième République a voulu se séparer de son empire colonial au nom du principe du droit des peuples à disposer d'eux-mêmes, selon une logique politique classique qui était celle de l'État-nation. Cela a posé cependant des difficultés dans la mesure où les nations en question étaient loin de constituer des entités culturelles et politiques établies. On a ainsi appliqué un raisonnement politique à l'Afrique qui convenait à la création des grands États Européens et notamment à l'Allemagne, mais certainement pas à ce continent. Quand la question de l'unité allemande s'est posée, des philosophes comme Fichte ou Herder ont réfléchi sur la Nation. Ce fut également le cas de Guillaume de Humboldt et de son frère Alexandre qui avaient un profil cosmopolite leur permettant de penser les phénomènes de la culture et de voir dans la Nation quelque chose qui relevait du langage et de la langue commune partagée par un peuple. Que la langue des Allemands fût l'allemand était dans l'ordre des choses. On fera remarquer également que l'unité de l'Allemagne s'est construite par des batailles et des guerres. En Afrique noire on ne pouvait, en revanche, pas considérer qu'il fut naturel d'envisager le français dans la fonction d'unification culturelle de la Nation. De ce point de vue, on ressent un caractère artificiel dans chacun de ces États, nés de la greffe des considérations de politiques européennes sur leur continent. La France possède là une grandeur de type culturel dans la mesure où elle a su imposer sa langue. En imposant sa langue, elle a su imposer ses pratiques plus ou moins avouables. Car la Françafrique a bien existé. Elle a ses héros qui sont des héros de l'ombre comme Jacques Foccart pour citer le plus célèbre d'entre eux. Ce comportement plus ou moins méprisable reste une cause de sa grandeur. En réalité, la France a soutenu des dictateurs africains pendant des décennies pour assurer son prestige.

Par grandeur ici, il faut entendre une forme d'indépendance nationale. L'indépendance, c'est ce mouvement par lequel un pays est maître de lui-même et non pas une conscience servile. Cette dialectique de l'esclavage et de la servitude est à la source de la question coloniale. Elle est également un des fondements de la question de la grandeur. Le maître est grand, le valet est petit. C'est là une opposition qui a une dimension psychologique, mais ce n'est pas l'unique dimension de cette structure. C'est également une structure politique. Il est des moments où les deux dimensions se croisent. La structure politique du colonialisme qui est une structure inégalitaire ne supporte pas de voir son visage dans le miroir au moment où la bienséance politique impose au contraire de prôner un idéal d'égalité au moins en tant qu'idéal de dignité. Au fond la question qui s'est posée dès le départ avec la décolonisation a été celle de savoir si elle avait bien eu lieu ou bien si elle ne s'était pas simplement masquée. Le général de Gaulle avait répondu par la négative à cette question quelque peu embarrassante. Le colonialisme ne s'était-il pas métamorphosé en néocolonialisme ? En 1963, le Président pour parer à cette objection, demande à une commission présidée par l'ancien ministre Jean-Marcel Jeanneney d'analyser ce qu'il en est de la coopération. La commission produira un rapport préconisant d'étendre à l'ensemble du tiers-monde les actions réservées aux anciennes colonies. Ce rapport fut, comme il se doit, salué par la Présidence qui en fit l'éloge pour éviter soigneusement de l'appliquer. Ce n'est pas avec des bons sentiments qu'on fait de la bonne littérature disait André Gide. Le général de Gaulle étendit à la politique ce jugement. Ce point montre l'hypocrisie de la question. Il en montre également l'ambiguïté. Si l'Empire était un instrument de la grandeur de la France, le fait d'y mettre un terme ne consistait-il pas à l'humilier ? En fin de compte cet abandon montrait-il que la France avait asservi d'autres hommes et qu'elle était un pays indigne, contraint de renoncer à sa proie ? Question morale qui n'a sans doute pas sa place en politique, mais qui rappelle que toute politique doit aussi user d'hypocrisie pour ne pas tomber dans un cynisme inaudible des masses. C'est ce délicat jeu de jambes qui fut celui du général lorsqu'il expliqua lors de l'allocution radiotélévisée du 19 avril 1963 que la fin de l'impérialisme français permettait au pays de retrouver sa place et sa grandeur dans le monde. C'est ce qu'on appelle faire de nécessité vertu d'une certaine façon. Mais c'est surtout déclarer la fin d'un mal qui pourra continuer à agir dans l'ombre des services secrets, ces curieux services publics qui restent soustraits à la question de la visibilité publique.

Hypocrisie donc, mais hypocrisie dont l'État s'accommode bien. Restait un domaine où la question impériale ne pouvait être réglée par une simple décolonisation ; ce fut la question algérienne. Il ne pouvait être envisagé de trouver une solution par la voie politique et diplomatique. Le combat aurait lieu par les armes. La question algérienne est une question qui inflige une blessure narcissique à la France. Alors que les autres colonies étaient soigneusement distinguées de leur colonisateur et qu'à tout prendre, on pouvait s'en séparer comme d'un corps étranger, l'Algérie était intégrée à la France. S'en séparer c'était comme perdre un de ses membres. Un peu comme Joë Bousquet qui était né pour vivre avec la blessure qu'il allait recevoir, on a l'impression que la Cinquième République est née pour connaître le traumatisme de la séparation d'avec l'Algérie. Au moment où le général de Gaulle accède au pouvoir, il est essentiellement rappelé pour résoudre cette question. Les accords d'Evian mettront fin au conflit et donneront l'indépendance au pays. Les partisans de l'Algérie française accuseront toujours le général pour ce qu'ils considèrent comme une traîtrise. Car c'est une chose de voir la grandeur dans la domination de l'autre, c'en est une autre de la voir comme un bien-être venant d'une santé intérieure. L'un des principaux points de la grandeur de la France tenait dans cette folie de tenir l'Algérie comme sienne. Il est apparu qu'il ne pouvait y avoir de grandeur sans une estime de soi. Or la perte de l'Algérie portait un coup fatal à la conscience de soi française.

Encore convient-il de ne pas généraliser. Il y avait en France des partisans d'une Algérie indépendante. Ce sujet passionné et fortement clivant engageait la place de la France dans le monde. Toute la difficulté tenait dans cette impossibilité de se séparer sans conflit étant donné les liens particuliers entre les deux pays. La question algérienne engage l'approche de la grandeur de façon très différente de toutes les autres questions coloniales. Elle pose un problème parce que la France a été mise en accusation. Elle pose un problème car ce qui sonne tout de même comme une forme de défaite grève l'idée donnant à la France les caractères d'un grand pays. Après la défaite militaire en Indochine, la perte de l'Algérie pose à nouveau la question de la capacité française d'imposer sa volonté. On finit par s'apercevoir que les guerres ne se gagnent plus sur le champ de bataille et que la supériorité militaire n'assure pas la capacité d'imposer sa volonté aux autres. Aux stratégies de batailles rangées viennent se substituer des stratégies de guérilla. On substitue l'art de la guerre d'un Xun Zi aux théories de Clausewitz enseignées à de nombreux militaires depuis les guerres napoléoniennes. On s'aperçoit ainsi que si la grandeur consiste à imposer sa volonté de manière plus ou moins bienveillante à l'autre en utilisant la puissance militaire ou d'un autre type, c'est surtout l'autre type qui est en train de s'affirmer. Cet état de fait plus ou moins inconcevable pour un général à l'époque ne pouvait qu'être partiellement reconnu. Il en avait sans doute la vague intuition. Il ne pouvait pas exprimer jusqu'au bout l'idée que les traités de paix et la fin des guerres n'étaient pas liés au champ de bataille. Cependant le général comprenait en partie la situation. En tant que grand organisateur de la Résistance en France, il savait qu'on pouvait « perdre une bataille sans perdre la guerre ». *Il reste à savoir s'il considérait que gagner des guerres pouvait se faire autrement qu'en gagnant des batailles.* Il s'agissait de savoir s'il pensait que la guerre de quarante n'était pas perdue parce qu'il y aurait d'autres batailles ou bien parce que ce n'était pas par la bataille qu'on gagnait des guerres. La Deuxième Guerre mondiale semblait montrer que les traités de paix étaient signés après un effondrement militaire de la partie adverse et que la guerre, c'était la bataille gagnée. C'est ce qui s'est passé en Indochine qui fut d'ailleurs la seule bataille rangée de la décolonisation. Les guerres qui suivirent à l'échelle du globe montrèrent qu'imposer sa volonté à l'ennemi et gagner la guerre ne passait pas par l'anéantissement de l'armée adverse.

Au Viêtnam, les Américains avaient gagné toutes les batailles et avaient perdu la guerre. Leur supériorité militaire demeurait par ailleurs écrasante par rapport à leur adversaire après ce conflit. Ce fut également ce qui se passa en Algérie.

Le conflit algérien mit en lumière que les théories de la guerre à l'ancienne étaient révolues. Cela créa des tensions entre le politique et l'armée. Si on considérait que la politique, c'était en somme le monopole de la violence légitime, comme le disait Max Weber, ou que c'était le glaive permettant au Léviathan de s'instituer pour mettre fin à la guerre de tous contre tous, alors on pouvait considérer que les militaires et l'armée jouaient un rôle décisif dans le domaine politique. La guerre d'Algérie met en avant au contraire un retrait complet de la puissance militaire. Le paradoxe est que c'est un général qui fut la principale autorité pouvant mettre fin à l'autorité de l'armée comme source principale de la grandeur. Cela tenait certainement à l'évolution de l'armement. L'emploi de la bombe atomique à Hiroshima et Nagasaki avait fixé de nouveaux contours à la guerre. Il y avait désormais un risque constant d'apocalypse nucléaire. Il n'était plus possible de considérer la bataille rangée comme source ultime de la victoire finale. Cela d'autant plus qu'en Indochine, les Français avaient réussi à perdre la dernière bataille. Si la France voulait conserver un semblant de grandeur, elle ne pouvait plus le faire au moyen de l'armée avec des stratégies d'un ancien temps. L'Empire apparaissait de ce fait comme une relique dont il fallait se débarrasser dans les plus brefs délais. Cela passa par des troubles graves avec l'armée traditionnelle. C'est en Algérie qu'eut lieu ce double mouvement de la grandeur : d'un côté, la fin de l'armée à l'ancienne comme source de la grandeur, de l'autre les essais atomiques qui permettaient à la France d'entrer dans le club restreint des puissances dotées de l'arme nucléaire et ainsi participer à la stratégie de la dissuasion.

Ce double mouvement montrait que le général de Gaulle voulait entrer dans la modernité militaire. Cette transformation posait des problèmes pour la grandeur de la France. En effet, l'arme nucléaire est une arme complètement disproportionnée pour résoudre les problèmes locaux réduisant de fait les grands à une forme d'impuissance. Depuis Nagasaki, cette arme n'est pas employée sur le terrain, se limitant à une fonction de dissuasion. Néanmoins elle engage financièrement une part très importante des budgets de défense. La politique du début de la Cinquième République a consisté à proposer cette modernité. Cela naturellement créa des tensions entre les anciens et les modernes. L'armée n'avait aucune raison de comprendre pourquoi on ne gardait pas l'Algérie française en 1959 puisque les succès militaires étaient éclatants. Il apparaissait dans ce contexte de succès militaires sur le terrain qu'aucune solution politique ne pouvait être trouvée. Le risque d'enlisement prenait une dimension inacceptable.

L'Algérie allait devenir un bourbier. Le paradoxe et la contradiction étaient qu'en se dotant dans le même temps de l'armement le plus moderne, la France se dotait d'une arme qu'elle ne pouvait utiliser dans ce conflit très localisé. À partir du 13 février 1960, dans le désert algérien, elle fit quatre essais nucléaires dont le premier baptisé *Gerboise bleue* dans la région de Reggane. Elle dégagea soixante-dix kilotonnes, ce qui en fit le plus puissant test de bombe à jamais réalisé à l'époque. La bombe de Nagasaki n'avait dégagé « que » vingt-deux kilotonnes, soit plus de trois fois moins. Les Algériens considéraient qu'il y avait dans ces essais une attitude inacceptable. Les accords d'Evian avaient conclu de mettre fin aux essais en zone saharienne. Cet objectif ne fut atteint qu'en 1966, soit quatre ans après l'indépendance reconnue du pays. Il y avait quelque chose de honteux dans cette utilisation de l'Algérie sans vergogne. Il s'agissait de montrer dans les plus brefs délais que la France n'avait plus l'ambition de la grandeur en tant que grandeur coloniale. Elle avait pour ambition une grandeur de type nouveau : une politique mondiale avec pour cadre politique la forme de l'État-nation. Avec l'évolution des technologies nouvelles, dont l'arme nucléaire n'était qu'un exemple, l'État-nation dans un premier temps déterminant, s'est révélé illusoire dans le cadre de la mondialisation.

Mais parler d'État-nation continuait à rester délicat dans un moment où les anciennes formes d'armée semblaient également inadaptées. L'armée est un ciment de la nation et que l'appartenance à une nation se faisait aussi par un certain nombre de rites initiatiques. L'éducation nationale en est un, le service militaire en était un autre.

La guerre d'Algérie a montré qu'il y avait un décalage important entre l'armée sur le terrain et la société en métropole. L'apparition de la croissance et d'une forme de société dite « de consommation » ne pouvait être comprise par ceux qui combattaient selon des théories classiques pour régler un problème d'un autre temps. Le putsch des généraux de 1961 traduisit l'état d'esprit d'hommes qui avaient fait leur devoir de guerriers avec une mission de maintien de l'Empire en Asie et en Algérie. Ils n'étaient pas en mesure de comprendre l'évolution qui en métropole avait engagé la France dans une période de prospérité sans précédent et qu'à leur insu l'ancien ordre imposant une forme de respect aux militaires disparaissait au profit de valeurs futiles de la société de consommation. C'est le rapport à la mort qui évoluait. Les Français métropolitains pensaient bien pouvoir mourir à cause de l'arme atomique. Ils ne pensaient pas pouvoir mourir sur un champ de bataille. Le dialogue entre les deux ordres devenait impossible.

Ce qui frappe dans le putsch de 1961, c'est la différence de comportement entre les populations algériennes et celles de métropole. Les généraux sont acclamés à Alger pour avoir tenté de garder l'Algérie française. Ils sont présentés avec dérision par le général de Gaulle qui lors d'une allocution télévisée condamna leur initiative, dans une rhétorique qui est celle de la grandeur. Il rappelle que le chef de l'État est le chef des armées. Il délivra les soldats de leur devoir d'obéissance aux généraux. C'est une lutte contre les quatre généraux putschistes qui est engagée, c'est-à-dire contre l'autorité directe de l'armée. Ce conflit s'est résolu par l'adhésion et la fidélité des troupes à l'autorité de l'État. Cela signifiait qu'un autre type de légitimité de la grandeur se mettait en place. Le général de Gaulle a évoqué la transformation des techniques de communication permettant aux simples soldats équipés de transistors d'entendre son discours. Le régime politique avait résisté grâce à une stratégie de communication orchestrée par la présidence de la République. La force restait aux armes. La seule question était de savoir qui les dirigeait. S'agissait-il des généraux sur le terrain ou du donneur d'ordre politique ? Même si le général Edmond Jouhaud fut condamné à mort, sa peine fut commuée à la prison à vie en novembre 1962. En 1968, il fut gracié. Ces grâces qui ont été obtenues par les quatre généraux Raoul Salan, Edmond Jouhaud, Maurice Challe et André Zeller signifiaient aussi qu'on était passé à une autre manière de considérer l'armée. En réaction, ceux qui considéraient que la politique du général avait constitué une trahison se regroupèrent dans le cadre de l'organisation OAS. Ils devaient accepter le fait accompli de l'indépendance de l'Algérie mais refusaient cependant l'abandon d'une certaine idée de la grandeur de la France. Assez curieusement en apparence ceux qui avaient refusé l'abandon de l'Empire furent ceux-là mêmes dont le discours politique stigmatisa l'immigration. Cette ligne reste assez cohérente dans la mesure où elle repose sur un racisme qui n'admet pas l'égalité des Blancs avec les autres ethnies des colonies.

Avec la guerre d'Algérie et les accords d'Evian de 1962, la France mettait définitivement un terme officiel à la colonisation et à son Empire. Mais ce terme officiel ne doit pas nous tromper pour autant. Il ne s'agissait que de masquer les plaies d'un monde qui s'achevait pour entrer dans un nouveau. Le général de Gaulle pouvait faire jouer une politique qui sera celle de l'État-nation à partir du moment où, en apparence, il s'était délivré du passé. Mais cette délivrance fut plus proclamée que véritablement accomplie. Le général put déclarer qu'il avait « dégagé la France des astreintes que lui imposait son Empire ». Il fallut cependant organiser le rapatriement des pieds noirs qui n'avaient en grande majorité pas de liens très forts avec le territoire métropolitain. Il fallut également accueillir les harkis dont le traitement reste une honte pour l'État Français. Ce n'est que le 25 septembre 2016 que François Hollande, président de la République exprima la position de la France consistant à « reconnaître les responsabilités des gouvernements français dans l'abandon des harkis, des massacres de ceux restés en Algérie, et des conditions d'accueil inhumaines des familles transférées dans les camps en France ». Ceux-ci avaient été accueillis dans des camps et avaient été bien mal récompensés pour avoir été fidèles à la France. En Algérie, ils restent toujours considérés comme des traîtres et ont pu être comparés aux collaborateurs français de la Seconde guerre mondiale. Pourtant avec les accords d'Evian, le général considérait plus ou moins que la France en avait fini avec le problème de la décolonisation et qu'elle pouvait sérieusement poser la question de la grandeur.

Le général de Gaulle entendait créer une politique de la grandeur dans le cadre de l'État-nation. Cette notion reste vague et allie à la fois nation et bureaucratie étatique. Cela était incompatible avec un empire colonial. On pouvait considérer que les choses reprenaient un cours normal par la liquidation de l'empire. Pourtant cette liquidation a laissé des cicatrices qui ne se sont pas complètement refermées et menacent en un sens de se rouvrir. Les anciens n'acceptaient pas nécessairement cette liquidation. Les généraux Salan et Jouhaux étaient passés par l'Indochine et l'Algérie. Ils avaient vu le traumatisme se produire pour les Français de l'Empire. Le Président de Gaulle également, mais ce dernier avait en vue une manière différente de cimenter la Nation. Il fallait animer cela depuis la métropole en utilisant la grandeur comme socle.

Encore fallait-il savoir comment s'y prendre. Il était évident que le rapport entre les nations avait changé et que les cinquante dernières années étaient plus ou moins assimilables à un suicide européen. Le concert des nations européennes du XIXe siècle, qui avait consacré une domination européenne sans précédent à l'échelle mondiale, avait initié sa chute en août 1914. Il y avait bien, comme le dira l'écrivain Stefan Zweig, un « *Monde d'hier* » et un nouveau monde qui pouvait apparaître terrifiant pour la conscience nationale d'États comme la France, la Grande-Bretagne et l'Allemagne, sans parler du cas de l'Autriche-Hongrie où il y avait eu un foisonnement d'intellectuels qui ne cessèrent de méditer sur cette explosion de cet État innommable. À côté de Stefan Zweig on peut penser à Robert Musil dont le grand roman, *L'homme sans qualités* qui s'étend sur plus de deux mille pages où il ne se passe rien, et qui médite sur l'état du pays à la veille de la grande guerre (il est répété à de multiples reprises que l'action se passe en 1913). Wittgenstein, Musil connaîtront à la suite de cela le chemin de l'exil. Freud proposera l'existence d'une pulsion de mort comme étant explicatrice de la vie et de la destinée humaine. Même s'il estimait que c'était là une hypothèse spéculative qui pouvait parfaitement être remise en question, il est évident que le seul fait d'émettre cette hypothèse relevait déjà de la dépression. La conscience d'une crise de l'Europe apparu en Allemagne avec les analyses de Husserl. Son ouvrage *La Crise des sciences européennes et la phénoménologie transcendantale* montrait bien le désarroi des philosophes, penseurs et autres intellectuels pour décrire les causes de l'effondrement d'un monde. Cet ouvrage exerça une profonde influence sur des penseurs comme Jan Patočka et Václav Havel en Tchécoslovaquie ou Maurice Merleau-Ponty en France. Ce dernier analyse dans ses cours au Collège de France en 1958 l'ouvrage de Husserl. Il continua à méditer sur ces points lors d'une discussion avec Martin Heidegger portant sur le monde technique. Si les intellectuels sont ces hommes qui expriment la conscience de soi d'une époque, on peut dire qu'une certaine dépression les a animés à cette période.

D'un point de vue politique, cela correspondait à un déclin de l'État-nation. La dimension mondiale de la politique du général de Gaulle s'appuyait sur une croyance à un État-nation comme seul cadre raisonnable pour mener une politique conséquente. Il y avait là une part de nostalgie d'un ancien temps qui était le temps glorieux de la France du XIXe siècle. Mais la restauration de cette grandeur n'était possible qu'avec la fin d'un Empire. Il restait juste à savoir comment cimenter une nation qui ne savait plus vraiment à quelle institution se vouer.

Le général de Gaulle voulu unir la nation au travers de la notion de grandeur, ce qui se comprenait facilement puisque le terme était assez vague. Il tenait compte d'un certain nombre de réalités. Une telle idée appartenait au vocabulaire de la noblesse en premier lieu. La grandeur, c'est la conscience d'une certaine valeur, c'est-à-dire d'une différence avec ce qui est vil. Le grand, c'est celui qui est maître par rapport à celui qui est servile. D'un point de vue imaginaire, cela invite à se voir plus Don Juan que Sganarelle. Cela supposait de posséder une capacité d'intervention partout dans le monde. Pourtant il était évident que la France n'en avait plus les moyens financiers ou techniques. Cette impuissance était plus ou moins masquée par une ambition qui s'affichait grande. Pourtant il apparaissait que cette ambition devait également affronter une réalité assez triste. Il ne faisait pas véritablement de doute que les États-Unis d'Amérique et l'URSS disposaient en matière militaire d'un avantage considérable. La guerre ne se conduisait plus comme par le passé et les deux grandes puissances avaient la possibilité de déclencher une apocalypse nucléaire. Cela pouvait inquiéter un pays qui entendait clamer sa grandeur en connaissant son retard et sa faiblesse. L'enjeu était toujours le même : la liberté comprise comme une forme d'indépendance et d'autonomie. Les menaces sur l'autonomie étaient à l'origine essentiellement identifiées comme une allégeance à la puissance américaine. Il s'est toujours agi de se délivrer de ce type de servitude. À l'époque du général de Gaulle, les menaces pesant sur la question économique et donc sur la question d'une dette de l'État à l'égard de la société civile n'étaient pas véritablement identifiées. Il est vrai qu'il n'avait aucune raison de l'être : l'étalon-or fonctionnait plus ou moins et les États n'étaient pas massivement endettés. Le dollar convertible servait de référence. La menace économique ne semblait pas concerner l'État en France. Il restait cette allégeance implicite et explicite par bien des aspects, au gouvernement américain. Mais la France n'avait certainement pas mis fin à son empire colonial et assujettie son armée au pouvoir politique pour devenir elle-même une sorte de colonie ou de protectorat américain. Il fallait être grand pour rester maître dans sa propre maison. Il fallait évidemment se doter des moyens de cette grandeur. Celle-ci fut moins une réalité de fait, qu'un programme pour stabiliser la nation et éviter les querelles intérieures. En ce sens l'idée de grandeur fut l'instrument permettant d'atteindre une certaine forme de stabilité politique.

Il faut remarquer que la Cinquième République comprend le pouvoir de manière pyramidale. Il y a un chef de l'État et des corps inférieurs. Il est vrai qu'il y a une structure bicéphale du pouvoir liée à la présence d'un Premier ministre. Toutes sortes de contre-pouvoirs peuvent exister en elle. Il n'empêche qu'elle donne l'impression de comprendre le pouvoir de façon strictement hiérarchique. C'est une sorte de coup d'État permanent comme l'avait écrit François Mitterrand. Mais cela ne portait pas particulièrement à conséquence dans un cadre national. C'était plus gênant dans un contexte international dans la mesure où au concert des nations du siècle passé, une nouvelle façon de concevoir la politique était née. La guerre froide était une guerre nucléaire possible. Elle impliquait de choisir son camp. Or le général de Gaulle était trop intelligent et trop fin lettré pour savoir qu'on n'est jamais libre dans la liberté de choix. La véritable liberté consiste à imposer aux autres les cadres dans lesquels le choix va se produire.

Le fait de devoir suivre les Américains conduisait à une allégeance indésirable et évidemment honteuse pour la France. C'est qu'un État-nation ne pouvait être tel qu'à condition de disposer d'une certaine souveraineté nationale. Or le statut de vassal d'une autre puissance militairement supérieure ne pouvait être qu'une cause d'humiliation.

Ce choix du refus de la subordination pouvait se justifier d'un point de vue stratégique. Les accords américano-soviétiques de riposte graduée pouvaient limiter un affrontement direct entre les deux puissances. Mais si le combat direct était écarté, cela rendait plus probable une confrontation sur un terrain neutre. L'Europe pouvait être ce terrain de jeu idéal, d'autant plus qu'aucun pays européen ne disposait de capacité de réplique, la Grande-Bretagne exceptée. Rien n'indiquait que les Américains riposteraient en cas d'utilisation de l'arme nucléaire soviétique sur l'Europe. Ils risquaient également d'être détruits. Ce genre de jeu rendait les accords avec les Américains illusoires. Ceux-ci ne risqueraient probablement pas leur survie si la France avait été détruite. Ce genre de subtilité impliquait de dissiper l'illusion de la subordination aux Américains. Il fallait être non leur subordonné, mais leur allié. Il s'agissait de se doter d'une force militaire suffisante pour être crédible dans ce rôle.

Toutes ces questions tenaient en réalité dans un problème de souveraineté. Cette souveraineté est celle de l'État-nation dans le cadre de sa politique extérieure. C'est la question de la liberté politique qui est posée dès 1958 dans le cadre de l'Otan. Le Président de Gaulle demandait le contrôle collectif de l'armement nucléaire et la formation d'un directoire à trois de l'Organisation entre les États-Unis, la Grande-Bretagne et la France). Le président Eisenhower opposa, comme il se doit, une fin de non-recevoir à cette proposition française. Il arguait du fait que la politique américaine avait des objectifs bien plus étendus que ceux de la simple Europe et cette disproportion entraîna un refus catégorique. Refusant d'être dévoré comme un mouton de Panurge, le général comprit qu'il ne pouvait compter sur un oncle Sam qui se présentait comme débonnaire, mais qui dans les faits avait une certaine tendance à ne suivre que son intérêt propre. Cela posa la question des liens d'alliance ou de coopération entre la France et les autres États dans un cadre militaire. Une organisation multinationale comme l'Otan posait de toute évidence une forme de problème. Elle faisait éclater le cadre de l'État-nation puisqu'elle impliquait une présence militaire étrangère sur le sol national. Il s'agissait sans doute d'amis. Mais il fallait bien voir qu'on ne pouvait accepter les amis chez soi qu'à la condition qu'ils nous acceptent chez eux. Autrement dit, on pouvait accepter de faire éclater les cadres de l'État-nation et de la souveraineté nationale qu'à la condition de réciprocité. Cette condition préalable permettait de former une constellation supranationale qui conserve l'État-nation dans sa dignité. Or il ne faisait aucun doute que malgré tout le respect qu'il avait pour Eisenhower ou l'empathie qu'il avait pour Kennedy, le Président ne pouvait accepter une relation d'allégeance.

Cela avait une importance sur la nature même des institutions. C'était le Président qui décidait de la nature de la politique à mener en matière de politique internationale. C'est par une décision du général que les unités françaises quittèrent le commandement intégré de l'Otan en 1966. En 1967, les forces américaines et canadiennes quittaient le territoire français. La France possédait à nouveau sa souveraineté militaire. Pourtant, et c'est là toute l'ambigüité de la manœuvre, cela ne signifiait pas que les États-Unis devenaient un ennemi. Ils étaient considérés comme des alliés. Cela montrait que la France pouvait mener une politique de la grandeur à cette période. La correspondance entre Lyndon Johnson et le général de Gaulle montra une incrédulité américaine. Le Président américain laissa cependant la porte ouverte, ce qui pouvait être interprété comme une forme de crainte. Si la France réclamait son indépendance et présentait la présence américaine comme une atteinte à sa souveraineté, cela relevait probablement d'un malentendu. On voit bien que le général de Gaulle avait gagné dans son rapport de force. En réclamant son indépendance, la France avait obtenu bien plus. Elle montrait qu'elle pouvait peser de façon indépendante dans le jeu mondial. Cela signifiait également que les organisations supranationales n'étaient pas en mesure de perdurer si leurs membres s'y opposaient. C'est donc dans les cadres nets de l'État-nation qu'une politique sérieuse et une politique de grandeur pouvaient être concrétisées. Le général de Gaulle avait su imposer les cadres intellectuels qui étaient les siens.

La question de la grandeur se posait dans un cadre politique clairement défini. Elle ne permettait pas de savoir si ce cadre n'était pas en lui-même illusoire. C'est que l'ère avait changé. Imposer sa grandeur passait par une industrialisation accrue. Le fait d'être entré à l'ère de l'atome imposait d'avoir des projets industriels pharaoniques si on voulait afficher sa puissance. Il ne pouvait y avoir de grandeur sans industrie au sens moderne du terme. Il est vrai qu'en ce domaine les Américains avaient une avance importante. Les cycles de formation comme ceux du *Massachusetts Institute of Technology* ou les universités d'*Harvard* ou de *Stanford* dépassent largement les écoles françaises les plus réputées comme Polytechnique ou Centrale. Il est par ailleurs évident qu'à l'heure actuelle l'éducation universitaire reste un lieu où s'affiche la grandeur d'une nation à grand renfort de classement comme celui de Shanghai dans lequel les universités américaines figurent en tête. Cela leur assure une notoriété incontestable, même si les critères d'excellence choisis peuvent être remis en question. Il ne fait pas de doute que dans les années 1960, le général de Gaulle ayant choisi l'indépendance vis-à-vis des Américains devait également prouver une capacité à s'imposer dans les domaines technologiques. Plusieurs grands projets sont mis en place. Dans le domaine militaire, le premier sous-marin à tête nucléaire, *Le Redoutable* est lancé. La télévision couleur française est lancée à partir d'une technologie française. La France a également développé une procédure du développement de l'uranium qui lui est propre. On peut également signaler la collaboration franco-britannique pour la mise en place du Concorde premier avion supersonique officiellement civil.

Cette compétition avec l'Amérique se fait également dans le cadre économique et financier. De fortes critiques viennent avec les investissements américains en France qui pouvaient être considérés comme une colonisation économique de la France. Mais c'est surtout la question de la monnaie américaine qui pose problème. La France émet des doutes sur la fiabilité du dollar. Elle souhaite le retour à l'étalon-or. Cette critique fera long feu cependant. Les événements de Mai 1968 affaiblirent trop la monnaie française face au dollar pour qu'il soit possible d'aller plus loin. D'un point de vue américain, ce genre de critique indiquait cependant une forme d'antiaméricanisme primaire de la part de France. La recherche de la grandeur qui ne pouvait pas être reconnue apparaissait comme un acte d'hostilité. Elle s'ajoutait évidemment aux volontés d'indépendance militaire. Cela entraînait des difficultés d'interprétation du jeu français. Une politique de grandeur était vue comme une politique de compétition avec les meilleurs sur les plans technologiques, financiers, économiques voire militaires. Cela supposait donc de posséder l'arme nucléaire.

Le général de Gaulle avait fait part de sa volonté de posséder l'arme nucléaire dès la fin de la Deuxième Guerre mondiale. C'est lui qui créa le Commissariat à l'énergie atomique en octobre 1945. Pierre Mendès France avait accéléré le processus en 1954. Mais c'est sans doute en 1956 que l'administration française prit conscience de la nécessité de se doter de l'arme nucléaire pour encore jouer dans la cour des grands. La crise de Suez avait montré que les vieilles puissances européennes n'étaient plus écoutées sérieusement et qu'elles devaient quitter la table des discussions si les puissances soviétiques et américaines le leur demandaient. Cela doit être nuancé par le fait que les Britanniques possédaient depuis 1952 la bombe A et qu'ils avaient eux aussi, dû se soumettre à la volonté adverse. Il n'en reste pas moins que Nasser avait triomphé des Anglais et des Français et que cela ne pouvait être accepté en l'état. Pour la France, le fait de posséder l'arme nucléaire apparaissait comme une reconquête de l'estime de soi. C'est bien de cela dont il s'agit si on parcourt les télégrammes que le général de Gaulle a adressés à son Ministre des Armées : « Hourra, pour la France ! Depuis ce matin, elle est plus forte et plus fière », le jour du premier essai à Reggane au Sahara.

La question était d'abord militaire, c'est-à-dire factuelle : il s'agissait d'améliorer un rapport de force « infiniment défavorable » pour atteindre un niveau « simplement défavorable ». D'une part, la bombe A restait encore une bombe inférieure en puissance à une bombe H et, d'autre part, la France n'avait pas encore les moyens logistiques pour l'utiliser. Enfin l'armement restait très inférieur en nombre à celui des Soviétiques et des Américains. Il ne faisait cependant pas de doute que la bombe constituait un élément de la grandeur. À terme le pays se doterait de la bombe H, ce qui fut fait en 1968, et des moyens d'envoyer l'engin de mort détruire les ennemis du pays. Mais ce fut également une opération psychologique. Dans un certain imaginaire, la France détenait la parade ultime dont les autres pays européens, la Grande-Bretagne exceptée ne disposaient pas. Ce n'était pas le seul changement. Le fait est que ce changement d'armement créa une nouvelle organisation de la défense. Ainsi de nouveaux avions furent construits pour pouvoir larguer les missiles : les Mirages IV. Par ailleurs le sous-marin Le-Redoutable fut lancé pour développer la force de dissuasion. Mais cette valorisation de l'armée de mer et de l'armée de l'air se fit au détriment de l'armée de terre dont les effectifs diminuèrent drastiquement en passant de 830 000 hommes en 1958 à 330 000 en 1969. De ce point de vue le changement de degré dans la puissance militaire se traduisait par un changement de structure de l'armée en général. Il est remarquable également que la notion de grandeur accompagne également celle du président de la République qui en tant que chef des armées est en même temps chef de la dissuasion stratégique. C'est lui qui a le pouvoir d'ordonner l'utilisation d'une telle arme. Ce pouvoir est compris comme terrifiant, ce qui a pour effet d'entourer le personnage d'une certaine aura mythologique. Tous ces traits sont naturellement exagérés par rapport à une réalité où l'arme n'a jamais été utilisée contre des ennemis. Mais cela montre surtout qu'avec cette question la réalité politique n'est jamais très éloignée de la question de l'imaginaire.

Le succès scientifique incontestable se traduit sous forme d'imaginaire quand il pénètre sur la scène politique. Face à l'objection qui signale la faible portée des armes françaises par rapport à l'ampleur des arsenaux américains ou soviétiques, un discours naît qui explique que la dissuasion française est une réalité effective. Il ne fait pas de doute que le refus de la France de faire une allégeance aux Américains possède des implications stratégiques. La politique d'indépendance de la France s'oppose ainsi à la ligne stratégique américaine qui est celle de la « riposte graduée ». Or cette ligne qui est acceptable pour les États-Unis, ne peut convenir à la France. Cela montre d'une certaine manière la faiblesse de la grandeur française. C'est parce que la France reste faible qu'elle doit promouvoir un discours de la puissance absolue. Le général Ailleret, dans la *Revue de défense nationale* de janvier 1965, souligne qu'une agression extérieure serait suivie d'« Une riposte immédiate sur le potentiel de l'agresseur avec les moyens les plus puissants ». Cette politique est une politique du faible par rapport au fort. La France n'a pas les moyens d'adapter sa défense aux diverses nuances des événements. De ce point de vue-là, sa politique de défense ne peut jamais être qu'une politique de l'apocalypse. Ce discours peut sembler bien imaginaire en réalité. Personne ne peut savoir ce qui se passerait en cas de déclenchement d'une attaque nucléaire puisqu'aucune n'a eu lieu jusqu'à présent. Ce qui est certain, c'est que les politiques en question posent toujours les problèmes des liens de la peur et de la raison. La bombe A, la seule dont disposait la France en 1965, était bien moins terrifiante que la bombe H. Il n'empêche qu'elle était suffisamment puissante pour inquiéter les autres nations. En disposer, c'était déjà participer à cette lutte de géants comparable à celle que Freud décrivait quand il parlait d'une lutte entre Éros et Thanatos, la pulsion de vie et la pulsion de mort. Telle semble être en tout cas l'interprétation que le général de Gaulle donnait quand on lui objectait qu'il s'agissait d'une bombinette. Dans une conférence de presse du 23 juillet 1964, il avait déjà affirmé :

> « Sans doute les mégatonnes que nous pourrions lancer n'égaleraient pas en nombre celles que Russes et Américains sont en mesure de déchaîner. Mais à partir d'une certaine capacité nucléaire et pour ce qui concerne la défense directe de chacun, la proportion des moyens directs n'a plus de valeur absolue. En effet puisqu'un homme et un pays ne peuvent mourir qu'une fois, la dissuasion

existe dès lors qu'on a de quoi blesser à mort son éventuel agresseur, qu'on y est très résolu et que lui-même en est bien convaincu ».

On voit là le caractère absolument sauvage des questions posées par l'armement atomique. Il ne s'agit de rien d'autre que des questions de la vie et de la mort posées dans leur nudité. Les politiques qui sont menées y apparaissent comme des politiques de la raison et de la peur. On retrouve ici la définition de la politique posée comme « monopole de la violence légitime ». La part de légitimité est toujours recherchée : il s'agit toujours de riposter à un assaillant. Il y a toujours une volonté de rationaliser la chose. Mais une telle logique obéit à des pulsions bien plus originelles et bien plus sauvages que les cadres d'une rationalité. Dans le jeu en question, on compte sur la peur. L'usage de la théorie des jeux pour essayer de comprendre comment va réagir l'adversaire montre qu'il y a une volonté de comprendre l'autre. Mais le doute subsiste et est angoissant pour les personnes qui y réagissent. Pour le peuple français qui se réclame de Descartes, même si cette revendication est sujette à caution, l'idée d'un doute qui ne puisse pas être levé est en un sens intolérable. Elle n'est certainement pas une preuve de grandeur ou de stabilité.

Il est toutefois certain qu'en se dotant de l'arme nucléaire la France a redistribué les cartes de la stratégie nucléaire. Elle a mis à mal les stratégies américaines et soviétiques de riposte graduée. De ce point de vue la France a su être grande dans sa faiblesse : elle s'est montrée suffisamment grande pour être prise en considération. Quand elle se dote finalement de la bombe H en 1968, le traité de non-prolifération nucléaire est signé. Cela montre à la fois l'accord des grands, mais également l'inconséquence de leur politique. Le traité de non-prolifération prend acte de cet état de fait, même si naturellement il ne le reconnaît pas.

Il est cependant remarquable que la politique nucléaire de la France est désapprouvée par l'opinion publique. Seul un tiers de Français reconnaissent l'intérêt d'un tel armement. Il est jugé trop onéreux et il est perçu comme pesant sur le budget de la nation. Il fait de la France un pays belliciste même si la doctrine officielle est une doctrine de défense contre les ennemis extérieurs. Par ailleurs l'arme est perçue comme une arme qui n'est pas destinée à être employée. On la voit donc comme stratégiquement inutile. Ce désaccord entre l'opinion publique et le général de Gaulle est celui d'un peuple et d'une société qui est en train de se moderniser et de s'enrichir d'un point de vue économique. La génération du baby-boom ne comprend plus les menaces liées à la guerre et la mort violente sur le champ de bataille apparaît parfaitement inadaptée à ses aspirations. Il n'est toutefois pas certain que la politique du général ait été fausse sur le long terme. Le fait de posséder l'arme nucléaire dont l'usage ait été désolidarisé des décisions américaines, permettait à la France d'être prise au sérieux sur les questions de politiques étrangères et cela plus qu'aucun autre pays européen. Même si les Britanniques disposaient également de cette arme, ils ne paraissaient pas en mesure de s'affranchir des États-Unis d'Amérique et sont toujours apparus comme une base avancée américaine sur le terrain européen. La France avait montré une plus grande indépendance. Elle n'était pas la voix de Washington sur le continent européen. Toutefois il ne s'agissait pas de procéder à un renversement d'alliance. Le général de Gaulle avait toujours été relativement clair sur la question. La France s'était bien séparée de l'Otan, mais elle n'avait pas rejoint le pacte de Varsovie. Une telle hypothèse était tout à fait impensable parce qu'elle était absurde. La politique française du général de Gaulle avait été une politique d'indépendance nationale. Cette notion était suffisamment vague pour prendre de nombreux contenus concrets. Elle resta à la fois concrète et ambiguë quand le général obtint de L'Otan que la France se joigne aux forces de l'alliance sans pour autant leur être subordonnée. Cela signifiait que l'ennemi possible était bien identifié et qu'il ne s'agissait évidemment pas de s'en prendre aux Américains qui ne pouvaient pas raisonnablement être considérés comme des ennemis possibles. C'étaient au pire des rivaux et au mieux de chaleureux amis même s'il y avait une compétition économique entre les deux pays qui tournait naturellement à l'avantage des Américains.

Quoi qu'il en soit l'acquisition de l'arme nucléaire permettait à la France de jouer dans la cour des grands, c'est-à-dire dans la cour des maîtres. Si selon la dialectique de Hegel, qui est importante pour toute réflexion sur la grandeur, l'opposition entre le maître et l'esclave est celle de celui qui accepte de mettre sa vie en jeu et de celui qui ne l'accepte pas, on voit que le Président français voulait faire de son pays un pays de maîtres. Mais cette mise en jeu de la vie qui donne la maîtrise et la liberté laisse le serviteur travailler à sa place. Ce faisant, il permet à l'esclave de devenir maître à son tour par l'acquisition d'un savoir-faire.

La question de l'arme nucléaire engage ainsi une dialectique de la vie et de la mort. Mais cette maîtrise se heurte à un autre problème qui est celui de la masse. La France apparaît être un grand pays par la puissance de son armement. Elle n'est guère imposante en tant que masse. Cette tentative pour restaurer une puissance en Europe continentale se heurte à un problème de proportion. La France est un petit pays par sa population et sa surface. Elle ne peut remédier à cet état de fait que par une politique européenne contradictoire avec l'idée d'indépendance nationale.

C'était sans doute la difficulté d'une politique de grandeur de la France. Il ne faisait pas de doute qu'à l'heure des masses et des grands blocs, la France seule ne pouvait pas peser sur le jeu mondial. D'où la contradiction : soit elle se joignait à une entité supranationale, mais alors elle perdait une partie de son indépendance du fait des compromis qu'il y aurait à faire, soit elle renonçait à cette possibilité, mais alors elle ne comptait quasiment pour rien dans le jeu mondial. La France était en effet bien trop faible d'un point de vue démographique et économique par rapport aux États-Unis ou même au bloc soviétique. Sur le plan démographique, elle n'était pas dans les mêmes proportions que la Chine ou l'Inde. Il s'agissait là de rien moins que d'un problème de proportion. Toute la difficulté était d'appartenir à un bloc indépendant qui pèse sur le jeu mondial et où en même temps, elle aurait un rôle moteur. Le projet européen apparaissait comme un projet à inscrire dans la grandeur. Comme il entrait néanmoins en contradiction avec l'idée d'indépendance nationale, on pouvait cependant avoir un scepticisme affiché pour l'entreprise. Ce projet rassemblait et rassemble toujours la somme des contradictions de la grandeur française : à la fois une volonté affichée d'indépendance et une volonté de peser sur le monde. Or comme la France ne pouvait pas peser seule sur le monde, il lui fallait trouver la voie d'un compromis qui était toujours aux yeux de ses détracteurs comme une compromission. Le frein manifeste à l'Europe, c'est l'impossibilité pour la France de renoncer de manière durable à l'État-nation. Le général de Gaulle n'y était pas du tout disposé. Il pouvait facilement accepter une intégration de type économique. La politique agricole commune qui servait les intérêts français était facilement acceptée. Il était beaucoup plus difficile à côté d'une union économique de créer une union politique. La vision gaullienne qui était celle d'un État-nation ne pouvait évidemment pas accepter une entité supranationale qui aurait consisté à enterrer la France dans un fédéralisme qui l'aurait cantonnée au rang du Texas ou de la Californie, c'est-à-dire d'État puissant aux États-Unis d'Amérique, mais qui n'avait aucune souveraineté en matière de politique étrangère. La France opposa à une telle vision une vision centrée sur l'État-nation et proposa en 1961 le plan Fouchet qui consistait à reproduire au niveau européen la bureaucratie française avec la nomination de hauts fonctionnaires aux postes clés, et un conseil des chefs d'État qui les dirigerait. Cette manière centralisatrice de voir le problème politique avec une administration de type bureaucratique était issue de l'Empire et apparaissait comme typiquement française. Dans son étude *Les Origines du totalitarisme* Hannah Arendt avait bien noté que la France avait utilisé la bureaucratie comme moyen d'exercice totalitaire en Algérie. Les soupçons que la France, qui fut le dernier des grands empires coloniaux à liquider le sien, tente d'imposer à l'Europe les mêmes moyens de domination étaient grands. La bureaucratie, assimilée à une suradministration à la française, est un problème qui court au travers de la Cinquième République depuis son début. Il est difficile pour l'État d'admettre qu'il soit l'héritage d'un passé impérialiste, d'autant que les fonctionnaires recrutés par concours sont bien souvent entretenus dans l'idée qu'ils servent le bien public. Il n'empêche que les analyses les plus solides de sciences politiques pointent cette difficulté et que les projets français de suradministration ont été rejetés par les autres pays par le passé. Le fait est que le général n'était pas du tout disposé à mettre fin à l'État-nation. L'idée d'une communauté supranationale lui paraissait complètement illusoire et servir les intérêts américains.

Du fait de la tension entre son indépendance nationale et la nature assez floue de la nature politique de l'Union européenne, la France pratiqua une politique de crises destinée à montrer qu'elle n'était pas prête à accepter un quelconque fédéralisme. La politique de la chaise vide en 1965 témoignait de cette volonté d'imposer ce point de vue. Elle conduisait cependant à une certaine paralysie du projet.

Une autre question européenne se posa quand la Grande Bretagne demanda son intégration au projet. Le général qui avait pourtant mené la Résistance depuis Londres, fut très réticent à accepter les Britanniques dans l'Union. On sait que la politique anglaise durant des siècles avait consisté à diviser l'Europe. Vouloir intégrer l'Europe semblait contre nature. Le général en avait l'intuition et prononça ces mots qui furent prophétiques en regard du *Brexit* de 2016 : « Comme du dehors, [Les Anglais] n'ont pu empêcher la communauté de naître, ils projettent maintenant de la paralyser du dedans ». Accepter d'intégrer la Grande-Bretagne, c'était risquer de faire rentrer le cheval de Troie américain. Mais c'était aussi raisonner comme à l'époque du concert des nations.

Le Président français développait le thème de la perfide Albion. Il affichait donc un soupçon et voyait à l'encontre des Anglais une thématique de la traîtrise possible. Il invitait certainement à réfléchir et anticipait le référendum britannique de 2016. La date de ce dernier était impossible à prévoir. Pourtant sur le long terme, une tentative de torpillage de l'Union européenne était nécessaire d'un point de vue logique. Les Anglais, pendant des siècles, avaient passé leur temps à vouloir détruire toute possibilité d'entente entre les peuples européens et avaient toujours tenté de diviser l'Europe pour mieux y régner. Le *Brexit* dans ces conditions ne pouvait surprendre que ceux qui ne connaissent pas leur histoire et les grands mouvements de fond qui la parcourent. Ceux-ci sont condamnés à la revivre. Cette anticipation de l'histoire visait essentiellement à prévenir un effondrement de l'Europe en tant qu'unité politique. Il y avait un risque que les Anglais ne se servent de cela pour miner une entreprise qui sur le long terme pouvait être très puissante sur le plan économique, mais également politique. Comme les réflexes et les pulsions du corps politique anglais avaient toujours cherché à empêcher la formation de tels accords et de telles alliances, il était évident que la grandeur de la France au travers de l'Europe était menacée.

Si le but de la formation d'une communauté européenne avait bien été d'affirmer une autonomie par rapport aux Américains, il n'en demeure pas moins que les difficultés sont apparues rapidement étant donné les stratégies différentes proposées par les Français et les Allemands.

Le général de Gaulle et Konrad Adenauer avaient développé une solide amitié et les deux grands hommes cherchaient à trouver une liaison entre les deux pays qui leur donne un destin commun. La réalité de la situation posait cependant des difficultés. L'Allemagne était divisée et l'Allemagne de l'Ouest était en contact direct avec le bloc soviétique. La politique française est ainsi apparue comme une politique inappropriée au contexte allemand. Il ne pouvait être question pour le général de Gaulle d'accepter que les Américains prennent la défense de l'Europe. Cela était vu comme quelque chose qui nuisait à l'autonomie. Mais pour les Allemands de l'Ouest, il ne pouvait être question de substituer à la défense américaine, une défense européenne présidée par la France. De la même manière, l'Europe des six aurait été sous la coupe française, ce qui était inacceptable pour l'Allemagne. Cette différence de projet empêchait une politique européenne efficace. Elle montrait la voie à suivre en produisant un moteur franco-allemand comme celui qui pouvait faire avancer la politique européenne. Mais elle ne se concrétisa pas sous l'ère de de Gaulle et d'Adenauer. Le seul projet véritablement concret fut celui de la rencontre des jeunesses au travers de l'Office franco-allemand de la jeunesse qui est créé en 1963. Les Allemands ont choisi très clairement le parti des États-Unis contre une Europe dominée par la France.

De ce point de vue la politique d'entente entre l'Allemagne et la France, un peu moins d'un siècle avant l'unification allemande s'est révélée décevante pour la France. Le fait est que l'on ne pouvait pas incriminer les Allemands pour cela. C'est la relative faiblesse de la France qui expliquait l'attitude allemande.

Pourtant, malgré cette déception on peut remarquer le caractère visionnaire de la position gaullienne. Tout au long de la Cinquième République, c'est lorsqu'il y eut une entente franco-allemande solide que l'Europe a pu avancer.

D'une manière générale, il est donc possible de dire que la politique du général de Gaulle fut une politique de la grandeur. Mais cette grandeur fut paradoxale. Ce fut une grandeur qui liquida l'Empire. Le général voulut montrer qu'il était une grandeur possible en dehors des cadres de cet Empire. Cela correspondait certainement à une vision juste. L'Empire appartenait certainement au passé et la génération du baby-boom, née juste après la guerre, ne pouvait probablement pas comprendre ces querelles d'un autre âge. On avait changé d'*épistémè* pour reprendre le terme foucaldien. Elle consiste en une façon de comprendre, de parler, de travailler et de vivre les événements. Le point qui semble ici central, c'est la discontinuité entre les générations. Il ne s'agit pas simplement du vieux thème des enfants qui n'écoutent pas leurs parents et qui deviennent parents à leur tour. Il s'agissait de changer l'idée même de grandeur. Ce qui pouvait faire la grandeur dans un ancien temps, c'était l'affirmation d'une puissance au moyen de militaire et d'une armée. L'empire apparaissait comme un élément fondateur de la puissance. Le génie du général de Gaulle, s'il faut lui en reconnaître un, c'est d'avoir su changer cette vision et d'avoir montré qu'il était possible de conserver une certaine grandeur tout en mettant fin à l'Empire colonial. Cela ne signifiait pas qu'il fallait tout sacrifier pour autant. La grandeur consistait toujours à être en mesure d'être autonome, c'est-à-dire à continuer à se donner sa propre loi. L'autonomie est toujours passée par cette dialectique du maître et de l'esclave montrée par Hegel. Il fallait montrer que la France, réduite à la servitude, suite au désastre de la Deuxième guerre mondiale et incapable de régler ensuite ses problèmes coloniaux, pouvait, par le jeu de son grand homme retrouver une forme de souveraineté. Malgré la modernité apportée avec le concept de grandeur, concept mis en œuvre mais non théorisé, le général restait traditionnel sur de nombreux autres aspects de la vie politique. D'une part, c'était toujours dans le cadre de l'État-nation que la politique pouvait avoir un sens. D'autre part comme l'ont montré les événements de 1968, il n'avait pas forcément compris tous les mouvements internes à la société française. Pour lui, la grandeur ne pouvait venir que par le haut. Seul l'État prenait l'initiative et la société devait le suivre. En 1968, une partie de la jeunesse étudiante a voulu lui faire comprendre que les choses n'étaient pas aussi simples.

Il reste que la politique gaullienne, dont beaucoup d'hommes politiques se réclament aujourd'hui, a tracé les limites et les contours de la grandeur en France. Elle en a posé également les limites et obstacles : d'abord, ceux de l'immigration et des rapports de la France aux anciennes colonies. Ensuite, ceux des rapports de l'économie et du politique, de la société civile et de l'État. Enfin, ceux des rites initiatiques à la citoyenneté avec les rapports de l'État à l'armée et à l'éducation.

Maîtrise et servitude :
la politique étrangère de la France
après le général de Gaulle

La politique étrangère de grandeur de la France pouvait fonctionner en tant que question. Il s'agissait de savoir comment le pays pouvait se comporter après l'effondrement rapide des structures impériales. Les rapports de force ayant changé, était-il possible pour la France de parler de sa propre voix ou devait-elle se conformer au discours américain ? Le chemin de l'indépendance montré par le général avec succès, avait également connu des échecs. Le fait que les Allemands de l'Ouest se sentent plus en sécurité avec les Américains qu'avec les Français en était un. Mais il y avait également des victoires essentielles sur le plan de l'autonomie. Le général de Gaulle avait réussi, par exemple, à obtenir une ligne de téléphone directe entre le Kremlin et l'Elysée. Cela signifiait clairement que les relations franco-soviétiques étaient indépendantes de Washington. La France avait également reconnu de son propre chef la République populaire de Chine. Le problème était de savoir si ce genre de coup d'éclat pouvait être autre chose qu'un simple événement ou s'il pouvait être considéré comme une valeur structurelle. La politique étrangère de grandeur de la France fut constamment tiraillée entre l'événement épisodique, et donc insignifiant, et la volonté de changer le monde d'une manière structurelle. Un certain nombre de questions restaient ouvertes : comment concilier la grandeur de la France et l'évolution de la Communauté européenne ? Quelles initiatives l'État français pouvait-il imposer sur la scène internationale ? Les limites à la grandeur française ne venaient-elles que des autres États ou pouvaient-elles être fixées par d'autres facteurs comme ceux provenant de la société interne et de sa puissance économique ? De la manière la plus générale et la plus abstraite, cela revenait à poser la question de l'État-nation. L'État-nation est-il la seule manière d'agir politiquement pour une entité ou bien est-il complètement entré en désuétude ? La question ainsi posée reste cependant quelque peu caricaturale. Elle peut se reformuler en posant la question de l'évolution de l'État-Nation. La question se posait également de savoir si la grandeur de la France était nécessairement liée à un grand homme.

La source de la légitimation du général de Gaulle était d'ordre militaire. Il avait su organiser la Résistance française et une certaine aura mythique enveloppait sa personne. Symboliquement son lien avec la France était incontestable. Comme il n'avait pas un tempérament de dictateur et que sa volonté était d'installer une forme de démocratie pour la France, il pouvait être considéré comme un grand homme sans trop de difficulté. Il n'en alla pas de même avec ses successeurs. En dehors de François Mitterrand aucun d'entre eux n'avait un passé militaire de combattant actif. Naturellement l'histoire de François Mitterrand apparaissait bien plus sulfureuse que celle du général. Mais seuls ces deux hommes pouvaient se prévaloir d'un passé de résistant et d'une légitimité de ce type. Pour les autres, l'origine de la grandeur ne pouvait venir que d'autres sources. Le rapport à la Seconde Guerre Mondiale s'effaçant plus ou moins des mémoires, il fallut chercher d'autres sources de légitimité. Cela prit un tour relativement comique avec les deux Présidents nés après la guerre. Ce besoin de grandeur était sans doute exigé par la nature des institutions. Il était tel qu'un homme comme Nicolas Sarkozy, élu en 2007, eut pour stratégie d'apparaître à des fins électorales presque quotidiennement dans les médias entre 2004 et 2007, y compris pour des activités d'ordre strictement privé comme son footing. La grandeur était ainsi interprétée comme une forme de vedettariat. On parlait de « peopelisation » de la vie politique. Cette attitude considérée comme vulgaire dans sa recherche de célébrité ne pouvait accompagner durablement la grandeur politique réservée à la fonction d'un président de la République.

Le comique et le ridicule d'une situation réduisant la grandeur à sa simple source de célébrité ne pouvaient rassembler tout un peuple. C'était exactement le contraire qui se produisit. Le grand, c'est celui qui reste seul séparé du peuple.

Le Président suivant, François Hollande, voulut profiter de cet évident divorce pour redonner une certaine dignité à la politique. Il porta une critique sévère contre le Président sortant afin de montrer les erreurs liées à la recherche de la lumière des médias grand-public. Lui-même ne tarda pas à tomber dans les mêmes travers. Sa vie sentimentale fut plus connue et plus commentée par les Français que les projets politiques qu'il tenta d'engager. Ses initiatives, parfois très positives, furent conduites à l'échec en particulier sur le plan social en matière de lutte contre le chômage, domaine pour lequel il avait avancé des promesses de campagne électorale particulièrement engageantes.

La cote de popularité désastreuse de ces deux Présidents montrait leur difficulté à incarner la grandeur dans une époque où le pays ne semblait pas avoir de réelle menace extérieure. Les seuls moments où le président Hollande reprit un petit peu de sa superbe dans les sondages furent ceux où il donna l'impression d'avoir les capacités pour combattre un ennemi qui agressait la nation : le terrorisme international. Par-delà les suspicions d'instrumentalisation de la question, il était apparu que c'était là le seul moyen de retrouver un semblant de dignité. On vit donc se vérifier la loi simple qui veut que le grand homme ne se révèle que face à un grand péril. Toutefois on peut s'interroger sur la nature du péril en cause. Le terrorisme frappe bien des victimes. Peut-être est-il la forme de stratégie la plus efficace pour déstabiliser une démocratie. Néanmoins, cette forme de guerre ne donne pas aux agresseurs la dimension technologique capable de renverser directement l'adversaire et en particulier l'État qui reste largement supérieur. Les Français constatent les faits qu'ils réprouvent mais considèrent que cette situation, certes très difficile et dangereuse en matière d'ordre public, reste sous contrôle des autorités. Peut-être est-ce une impression, mais cette guerre en elle-même n'engage pas la population dans son être comme le ferait un conflit direct contre une autre nation. C'est dans ce cas seul que le recours à un grand homme peut être considéré. Nous constatons par ces événements que la nature même de la grandeur a changé pour les hommes de pouvoir. L'éloignement de la Seconde guerre mondiale a rendu probablement difficile l'avènement d'un homme qui établirait sa légitimité sur les mêmes fondements que ceux du général de Gaulle.

Mais cela ne signifie pas qu'il n'y ait pas eu de guerres ou d'événements politiques majeurs depuis 1969. Le monde a radicalement changé depuis cette date. Il a changé dans sa forme politique : la guerre froide n'existe plus du fait de l'effondrement du bloc communiste à partir de 1989. Il a également changé dans sa forme technique. Le monde virtuel et celui de l'informatique qui sont apparus aux États-Unis dans les années 1970, ont touché la France dans le milieu des années 1990 et ont modifié les rapports et les comportements personnels. On ne savait pas véritablement à quelle époque on vivait et quel nom lui donner. On parla ainsi dans les milieux universitaires américains d'ère postmoderne et le nom vint en France avec le philosophe Jean-François Lyotard. Or cette condition postmoderne s'accompagnait d'une perte d'aura et de prestige des grands hommes :

> « La nouveauté est que dans ce contexte les anciens pôles d'attraction formés par les États-nations, les partis, les professions, les institutions et les traditions historiques perdent de leur attrait. Et ils ne semblent pas devoir être remplacés, du moins à l'échelle qui est la leur. La Commission tricontinentale n'est pas un pôle d'attraction populaire. Les "identifications" à des grands noms, à des héros de l'histoire présente, se font plus difficiles ».

La question de l'empire a été remplacée par la question du réseau informatique. Mais ce thème supprime la référence au grand homme. Le fait est que le grand homme est lié à l'État-nation ou à l'empire. Or ces configurations et formes politiques ont tendance à s'effilocher. D'où le paradoxe d'institutions qui impliquent la référence au grand homme dans un monde qui n'en réclame plus. Le héros fondateur n'est peut-être plus la clé de voûte de la légitimation politique. On ne peut donner tort à François Mitterrand quand il dit :

> « Je suis le dernier des grands Présidents. Après moi il n'y aura plus que des financiers et des comptables ».

Ces propos ne sont pas simplement la marque d'un orgueil mal placé. Ils entérinent une situation. Il s'agit là d'une discontinuité historique qui s'oppose à la continuité des institutions. C'est le passage de la grandeur à la technicité qui est pointé du doigt. Dans la dialectique hégélienne, c'est le serviteur qui devient maître. Mais le serviteur ne sait pas comment s'y prendre. Il reste un homme médiocre. La question est de savoir comment on passe d'un monde de la grandeur à un monde de l'économie et de la réalisation de la vie humaine au travers de la société civile. La fin de la grandeur tient dans ce changement. Le comptable et le financier, c'est l'idéal de vie du technicien bourgeois. C'est le contraire de la vie politique qui est le lieu de la délibération sur les questions qui ont une valeur autre que marchande. Avec ce qui va apparaître comme une « mondialisation », il y a un changement dans les fins. Les problèmes strictement politiques comme ceux de la guerre et de la paix ont cédé la place à la question triviale de savoir comment on gère pour rembourser la dette. La générosité de l'État providence a laissé la place à la question de savoir comment on le finance techniquement. Cette technicité des questions, celle des fonctionnaires techniciens a conduit à la métamorphose de la question de la grandeur, voire peut-être à son abandon. À cela est venue s'ajouter une situation purement politique. L'effondrement de l'URSS a conduit à la fin de la guerre froide et à la fin de la bipolarisation du monde. On est passé à une sorte de monde unipolaire avec une hyperpuissance censée tout contrôler. Les États-Unis apparaissent comme une sorte de gendarme du monde. Ils sont supposés intervenir sur tous les points chauds de la planète. On les voit au Moyen Orient. On les voit en Extrême-Orient. Dans ce cadre-là, la France n'a pas de carte véritable à jouer, alors qu'elle pouvait s'immiscer dans les débats à l'époque de la guerre froide. Le général de Gaulle pouvait critiquer la position américaine pendant la guerre du Viêtnam. Il semble absurde de faire de même avec la crise qui se dessine actuellement en Corée du Nord. Le poids de la France dans le monde s'est encore effiloché par l'extension de l'Europe vers les pays de l'Est en corrélation avec l'élimination du pacte de Varsovie. La réunification de la RFA et de la RDA a donné un poids plus important à l'Allemagne dans le domaine géostratégique même si un effort financier considérable a été nécessaire pour intégrer les deux zones. L'extension vers l'Est a affaibli le poids de la France qui au niveau de la présidence ne sait plus comment s'orienter avec cette nouvelle donne. Les enjeux politiques comme l'Europe de la défense semblent disparaître devant les enjeux économiques. On voit dans l'Europe une sorte de zone favorable au libéralisme économique, même si les Français se sont prononcés contre cet état de la situation en 2005 lors du référendum. Le fait que le Président Jacques Chirac n'ait pas démissionné après le rejet de sa proposition montrait, à la différence du général de Gaulle qui démissionna en 1969, qu'il ne liait pas sa position de chef à celle de son peuple. Il ne se considérait pas comme un grand homme qui exprimerait l'esprit de son peuple. Il n'exprima jamais que la position des élites grevant par la même occasion la confiance que les Français pouvaient placer dans l'Europe et dans leurs élites politiques.

Le problème fut, après l'équilibre de la guerre froide, de repenser les relations internationales et la place de la France dans le monde. La France pouvait-elle se considérer encore comme une grande puissance à ce moment-là ou bien devait-elle ne se penser que d'une manière régionale ? Si la France ne se pense que localement avec une influence seulement sur quelques régions qui correspondaient à son ancien empire colonial comme l'Afrique de l'Ouest, alors elle développe sans doute une position réaliste en considération de sa puissance militaire. Mais dans le même temps, cela l'empêche de porter une voix dite « universelle ». Dans ce cadre elle doit renoncer à une partie de ce que son élite au moins considère comme une partie de son identité : L'esprit des Lumières. Que cet esprit des Lumières soit largement fantasmé et qu'il ne corresponde pas à une réalité effective du point de vue historique et du point de vue même du mouvement des idées ne fait pas vraiment de doute.

Rappelons qu'il y eut un côté très noir des Lumières. Le siècle de Diderot et de Voltaire fut également celui du marquis de Sade. Le mouvement des Lumières se termina à son extrême pointe avec les idéologues comme Destutt de Tracy ou Cabanis pour ne citer que les plus célèbres. Ce terme d'idéologue fut donné par Napoléon Ier qui critiqua ainsi des alliés de la première heure qui l'avaient dénigré par la suite pour soutenir une République. D'une certaine manière, il y a peut-être toujours un Napoléon derrière la critique des idéologues et de l'idéologie. L'idéologie marque par sa nature même une sorte de tension intérieure à l'esprit des Lumières. Si d'une certaine façon les idéologues parachèvent l'esprit des Lumières, c'est que la « raison » n'est pas très clairement définie. En matière politique la raison est sans doute réductible à une forme d'imaginaire social.

Il y avait un problème au cœur de la raison qui était considéré comme l'instrument et le principal acquis de la philosophie des Lumières. Ce problème était repris par de nombreux philosophes et intellectuels de l'après-guerre. Maurice Merleau-Ponty indiquait ainsi qu'il fallait « former une nouvelle idée de la Raison ». Des figures comme Gilles Deleuze ou Michel Foucault interrogeaient le quadrillage des sociétés modernes et le lien de la rationalité administrative avec les politiques de surveillance. Un livre comme *Surveiller et punir* ou la schizo-analyse développée par Deleuze traitent de ce problème d'une raison qui n'est plus vue comme émancipatrice, mais bien au contraire comme une entité à accuser. Les accusations au sujet de la Raison furent nombreuses et parfaitement documentées par la suite. Jacques Derrida, ce philosophe né en Algérie, proposa une déconstruction de la rationalité occidentale. Quant à Paul Ricœur qui plaçait la question « Qu'est-ce que comprendre ? », donc la question de la rationalité et du sens au cœur de sa réflexion, il n'a eu de cesse d'interroger ce qui pouvait menacer cette rationalité. Mais interroger, c'était également donner des arguments. Ainsi il voyait bien qu'il ne pouvait être question de se comprendre en faisant comme si les arguments de la psychanalyse n'existaient pas. Il y consacra quelques ouvrages dont un *De l'interprétation*. De la même manière il interrogea l'imaginaire social et un ensemble de problème concernant l'idéologie et l'utopie. Affirmant qu'il n'est pas d'action politique qui ne soit pétrie d'imaginaire, il cernait un problème qui posait des difficultés à la rationalité pure, telle qu'elle était voulue par la science. Le problème légué par les Lumières restait celui de savoir comment mener une action politique rationnelle qui évite tout rapport à l'imagination.

Or ce vieux problème qui date d'il y a plus de deux siècles est au cœur du débat politique français dans la Cinquième République. Si la raison donne du factuel, de quelque chose qui peut être décrit de façon mathématique, elle tend sans doute aussi toujours du côté de l'imaginaire, c'est-à-dire de l'irréel sous toutes ses couleurs. Or, on a pu découvrir, avec les différents conflits récents, que cet imaginaire pouvait être plus efficace que la raison elle-même. Du point de vue du rapport de forces, les États-Unis étaient supérieurs sous tous les points aux Nord-Viêtnamiens. De la même manière le rapport était écrasant en faveur de l'URSS en Afghanistan. Comme on le sait, un imaginaire a pu renverser cette réalité-là.

À la logique du réel, c'est-à-dire de la puissance, on devait donc opposer la logique de l'imaginaire. Or la tentation politique de la France en matière de relations internationales a toujours oscillé entre ces deux pôles : celui de la reconnaissance de son caractère régional d'un côté, celui de l'affirmation d'une voix universelle fantasmée qui va vers l'affirmation d'un nouvel ordre mondial de l'autre.

Le choix a toujours été entre la grandeur sous la forme de la puissance, donc d'une grandeur modeste ou de la grandeur sous la forme de l'universel. Il existe quelques arguments en faveur d'une forme de grandeur française : une place de membre permanent au Conseil de sécurité de l'ONU ou l'arme nucléaire par exemple. Ces arguments se heurtent à quelques objections également. La France possède certes l'arme nucléaire, mais son arsenal est très insuffisant pour inquiéter les États-Unis d'Amérique ou même la Russie. Par ailleurs, l'arme nucléaire est une sorte de non-emploi. Elle ne sert pas à résoudre les conflits locaux et humanitaires. Ainsi, il ne pouvait être question de l'utiliser en ex-Yougoslavie. Ce n'était pas davantage envisageable au Rwanda. Malgré cela, l'arme nucléaire fortement critiquée par les associations, a été présentée comme une marque de grandeur de la France. Les présidents Mitterrand et Chirac en firent des éléments de la stratégie militaire et de l'indépendance de la France. Pourtant, cette attitude n'a pas manqué de créer des problèmes graves sur le terrain. En 1985, l'organisation non-gouvernementale Greenpeace, pour protester contre les essais français, voulait envoyer son navire le Rainbow Warrior dans l'atoll de Mururoa. Les Français décidèrent d'envoyer un commando avec mission de couler le navire dans la baie d'Auckland en Nouvelle-Zélande. L'opération secrète fut découverte. Cela créa un certain nombre de complications. L'échec des services secrets à rester secrets provoqua une vive tension avec un État souverain sur son territoire : la Nouvelle-Zélande. Mais le jeu se jouait à trois. En plus des deux États souverains, on voyait intervenir une organisation non-gouvernementale. Une organisation non légitime selon les critères traditionnels de l'État-nation défiait la France en posant la question de la nature secrète de certaines opérations et mettant en évidence le côté noir de la grandeur française. Cette apparition des ONG dans le champ de la politique heurtait l'idée même d'une grandeur de ce type. Un autre point délicat de l'opération tenait dans le fait que dans un cadre politique plus habituel d'une relation d'État à État, la France était accusée de crime à l'encontre de la Nouvelle-Zélande. La présidence française fut durement atteinte par ce choc, mais ce fut comme à l'ordinaire au ministre de payer les pots cassés.

Cette affaire fut cependant importante pour la politique de grandeur de la France. L'arme nucléaire était une sorte de garantie de l'indépendance nationale. Il se trouva qu'en étant prise dans une manœuvre secrète fautive, la France perdait une partie de son prestige. Elle ne pouvait pas se porter garante d'une politique et d'une raison transparentes. Toute l'ambiguïté de la revendication des Lumières était là. La politique de la puissance apportée par l'arme nucléaire affaiblissait la voix de la France en tant que porteuse d'une parole universelle.

En 1992, François Mitterrand annonça la fin des tests français. Ceux-ci furent cependant repris par son successeur. Jacques Chirac pouvait y voir en tant qu'héritier du gaullisme une possibilité de se donner une certaine forme de grandeur politique. On se rappelle que Mitterrand avait affirmé qu'il serait le dernier des grands Présidents et que ce ne seraient que des comptables qui viendraient après lui. Il est vrai, dans une certaine mesure, que la fin de la guerre froide semblait augurer d'une désagrégation du politique. Le temps où on attendait la rédemption et l'accomplissement de la vie dans la politique semblait révolu : désormais on entrait dans le champ de l'économique. La société aurait pris ainsi sa revanche sur le corps politique. C'est elle qui fixerait les normes et non la sphère politique.

Jacques Chirac a sans doute vu dans l'arme nucléaire l'occasion de redonner une grandeur de type politique à la France. La justification donnée fut une justification d'ordre technique : la France devait parfaire son armement avant de mettre fin à ses essais. Chirac déclarait le 13 juin 1995 à la télévision :

> « Je crois, en effet, que le moment est venu pour la France d'arrêter une décision définitive dans le domaine de ses essais nucléaires quand, naturellement, nous préférerions tous ne pas avoir à reprendre d'essais nucléaires…
> […] Malheureusement, nous les avons arrêtés un peu trop tôt, en avril 1992, c'est-à-dire avant que la série qui devait nous permettre d'achever, ne soit terminée. J'ai donc consulté tous les experts civils et militaires, compétents et responsables, pour qu'ils me donnent leur sentiment sur les conséquences de cet arrêt, la possibilité de maintenir le moratoire ou au contraire la nécessité de terminer les essais interrompus ».

On voit de ce point de vue que le Président essaie de se décharger sur une justification de type technique. L'expertise militaire lui permet de se défausser de sa responsabilité. De la même manière que certains experts judiciaires permettent aux juges de ne pas juger, les généraux permettent au Président de ne pas porter de grandes responsabilités. Le Président pouvait ainsi déclarer :

> « Je peux vous dire qu'ils ont été unanimes, unanimes pour m'indiquer que si nous voulions assurer la sûreté et

la fiabilité de nos forces de dissuasion sur lesquelles reposent notre défense et notre indépendance, si nous voulions passer au stade de la simulation en laboratoire dont on parle beaucoup aujourd'hui, c'est-à-dire la possibilité de faire dans des laboratoires des expériences qui sont, à travers les ordinateurs et les technologies naturellement modernes, mais sans avoir à recourir à des essais en vraie grandeur, si nous voulions le faire, nous étions obligés d'achever cette série d'essais nucléaires ».

L'explication était donc d'ordre technique. Mais il ne faisait pas de doute que l'effet recherché était un effet politique. Chirac se posait en héritier du général de Gaulle. La question de l'arme nucléaire montrait la volonté de conserver une forme d'indépendance nationale. Le fait de revenir sur le moratoire de François Mitterrand montrait une certaine volonté de se démarquer de son prédécesseur. C'est probablement en raison du moratoire de 1992 que Jacques Chirac a donné des explications d'ordre technique pour expliquer que la France manquait à sa parole. Il montrait ce faisant que la France ne se laissait dicter sa conduite en matière de défense par personne. Cette preuve de l'indépendance de la France ne posait néanmoins pas de problème entre la France et les États-Unis d'Amérique dans la mesure où le Président français entretenait des relations chaleureuses avec Bill Clinton, le Président américain. Pourtant, on savait que la France ne comptait plus beaucoup dans le jeu mondial à l'heure où on parlait essentiellement d'une hyperpuissance américaine. La question était celle de savoir si le monde était organisé de manière unipolaire ou multipolaire. Or il semblait, qu'avec l'effondrement de l'URSS et l'incapacité des Européens à s'organiser de façon politique, il fallait bien reconnaître une hégémonie sans précédent des Américains. La France pouvait bien passer pour une puissance d'appoint. Elle ne pouvait pas avoir une politique mondiale. Le fait est qu'on appela les Américains pour résoudre les problèmes européens comme en ex-Yougoslavie. On ne demandait en revanche pas à la France d'intervenir pour résoudre le problème coréen par exemple. Cela tenait évidemment à un problème d'échelle. Mais cela relevait cependant d'une perte d'influence de la France au niveau mondial.

Le problème se posa différemment au Moyen-Orient. Les anciennes colonies de l'Empire ottoman, dont l'Irak, ont eu beaucoup de difficultés, depuis leur indépendance jusqu'à nos jours, pour atteindre une stabilité politique durable. Le principal vecteur de l'identité dans ces régions est la religion qui fut comme le remarquent des penseurs comme Georges Bataille, une religion belliqueuse. Ce caractère belliqueux de la religion peut certes être interprété de diverses façons. On peut parler de jihad envers soi-même pour combattre ses mauvais instincts par exemple, ce qui rapproche la religion musulmane des sagesses occidentales sans doute. Cependant en période de crise et d'instabilité politique, l'interprétation radicale la plus courante du jihad est celle d'une guerre de conquête au sens propre du terme contre les non-musulmans.

L'islamisme radical s'est développé dans une région qui va du Maghreb à l'Afghanistan et a pu s'exprimer sous la forme du combat terroriste et sous la forme d'agressions d'autres pays comme ce fut le cas lors de l'entrée de l'Irak au Koweit. Néanmoins, la première guerre d'Irak dans les années 1990 n'a pas pris une forme religieuse. La confrontation ne prit cette forme qu'avec l'apparition du terrorisme islamique dont le fait d'armes le plus spectaculaire fut l'attaque du 11 septembre 2001 à New-York. À cette époque, même si Ben Laden et al Qaida furent immédiatement identifiés comme les criminels à l'origine du massacre, les autorités américaines décidèrent que l'Irak faisait partie des fauteurs de troubles. Les États-Unis trouvaient sans doute plus rationnel et plus normal d'accuser un État qu'un groupuscule non reconnu sur le plan international. Les Américains se voyaient confrontés à un problème stratégique complexe de définition de l'adversaire. La complexité résidait dans l'analyse de deux facteurs : la confrontation avec des groupuscules mal identifiés entraînés à la guerre asymétrique, d'une part, et, d'autre part, une dimension idéologique beaucoup plus fantomatique, imaginaire et difficile à cerner.

Les autorités américaines choisirent l'option de désigner un ennemi, conforme à leurs doctrines militaires classiques et à leur histoire guerrière, soit un État souverain dirigé par un dictateur : l'Irak de Saddam Hussein

Cette crise américaine donna l'occasion à la France de marquer une dernière fois sa grandeur, c'est-à-dire son indépendance vis-à-vis du pouvoir américain. Lorsque les États-Unis projetèrent d'attaquer légalement l'Irak en 2003, la France brandit son veto à l'ONU. La portée de l'événement fut à la fois importante sur le moment et peu signifiante sur le long terme. Colin Powell insista sur cette notion de « long terme » en faisant remarquer que dans l'immédiat les relations franco-américaines étaient calamiteuses, même si les Américains ne fermaient pas la porte complètement. Il faut certainement replacer les événements de 2003 dans une perspective longue. Rappelons que cette notion de « temps long » renvoie à l'historien Fernand Braudel qui insistait sur le changement d'échelle temporel. C'est sur la base de la polarité entre structure et événement que les choses peuvent s'expliquer. L'événement, c'est ce qui se passe. Il implique un changement. Mais ce changement reste insignifiant s'il ne change pas les structures. D'une certaine façon on pouvait dire en 2003 que la France avait gagné une bataille, mais qu'elle n'avait pas gagné la guerre. Pour gagner la guerre, ou disons proposer une autre diplomatie que la diplomatie américaine, il aurait fallu qu'elle engage avec elle un mouvement capable de changer les mouvements, c'est ce qui ne s'est pas produit. Il aurait fallu créer une coalition capable de proposer une alternative tout en en prenant la tête. Or c'est là ce qui semblait plus ou moins impossible. Il ne pouvait être question de s'allier aux Russes ou aux Chinois en prétendant les diriger. Il ne pouvait davantage être question de passer à un niveau européen pour proposer l'indépendance de la France.

L'Europe était quelque peu discréditée en raison de son évolution technocratique. Les discours politiques français semblent encore contradictoires à ce sujet. L'Europe est un idéal d'émancipation politique car à l'époque actuelle de la mondialisation des marchés et l'émergence de grands États puissants comme la Chine ou l'Inde, elle apporte la dimension permettant à ses membres de rester audibles au niveau mondial. D'un autre côté, la France, peut y percevoir un frein et une impossibilité politique à son ambition de grandeur et d'indépendance. On ne peut en effet pas parler d'indépendance nationale quand on intègre une organisation supranationale. L'Europe fait éclater le paradigme de l'État-nation. Des formations comme le Front national veulent l'éliminer. Cela est cohérent dans le cadre de leurs doctrines. Mais la question la plus cruciale reste posée aux partis favorables à l'Europe. Aucun d'entre eux n'accepte de franchir le Rubicon européen. L'Europe reste ainsi à un niveau de statu quo et s'enlise dans son administration. On comprend dans ces conditions qu'elle ne puisse pas constituer une alternative crédible à une politique américaine. Cette dernière connaît également une complexité démocratique mais les États – Unis ont des institutions opérationnelles capables de prendre des décisions. En revanche, ce n'est manifestement pas le cas avec les institutions européennes.

En d'autres termes cet acte d'émancipation pour la France fut illusoire. Comme l'avait prévu Colin Powell, le pays allait rentrer dans le rang. Il y avait quelques faiblesses dès le départ dans la position française. En premier lieu, un signe. Pour signifier son opposition à la politique américaine, La France envoyait son ministre des Affaires étrangères. Il y avait des raisons politiciennes à cela : on mettait dans la lumière Dominique de Villepin et on nuisait au « traître » Nicolas Sarkozy. Mais il était impossible de cacher qu'il s'agissait d'une position mal assumée par Jacques Chirac. Celui-ci, malgré son opposition à la politique américaine, autorisait le survol du territoire français par l'aviation américaine. La grandeur de la politique française qui fut certainement reconnue par la population française n'était en réalité qu'une sorte de promesse. Celle-ci ne sera pas tenue. Les Américains lanceront les hostilités militaires sans avoir reçu l'aval de l'ONU. La France apparaîtra comme ayant une grandeur sans projet. Jacques Chirac ne pourra pas poursuivre une telle politique. C'est Nicolas Sarkozy qui fera le pas vers une réconciliation avec les Américains en réintégrant la France dans l'Otan.

De larges discussions autour de la question de l'organisation eurent lieu entre 2007 et 2009. C'est au nom d'une certaine forme de réalisme politique que la décision fut prise de replacer la France au cœur de l'Otan. Plusieurs questions se posèrent. Il s'agissait d'abord de savoir quelle était la vocation de cette organisation. Nicolas Sarkozy plaida pour une organisation à but exclusivement militaire et non humanitaire. Il ne s'agissait pas de la substituer à l'ONU. Or, en étant à l'extérieure de l'Otan, la France ne pouvait agir contre cette dérive qui venait à ce qu'il semble des Américains. Une autre question fut celle de la concomitance de la question d'une réintégration à l'Otan avec le développement d'un projet de défense européen. La question resta ouverte et comme le signala François Baroin :

> « Une fois à l'intérieur de l'Alliance, pourrons-nous effectivement relancer avec nos amis européens la politique européenne de sécurité et de défense ? C'est évidemment l'une des questions essentielles de ce débat ».

Mais c'est surtout au niveau de la question de la grandeur et de l'indépendance nationale que les débats furent les plus houleux. On accusa Nicolas Sarkozy de trahir le général de Gaulle. Ce à quoi il répondit :

> « Certains me disent que ce choix serait une trahison du général de Gaulle. Un "alignement sur Washington". Une remise en cause de notre vocation à dialoguer avec la Russie ou les pays du Sud. […] Qui peut prétendre savoir ce que ferait aujourd'hui le général de Gaulle ? Est-ce que vous pensez que le général de Gaulle, ce qu'il a fait en 1966, c'était, dans son esprit, la politique de 1923, quand il a pris sa décision ? Oui, nous sommes les alliés des États-Unis, nous sommes des amis, mais des amis debout, des alliés indépendants et des partenaires libres. Et j'assume que dans le monde moderne, on doit pouvoir changer des décisions prises il y aura bientôt 50 ans. Faudrait-il au nom de l'héritage gaulliste, renoncer au traité de non-prolifération que de Gaulle rejetait ? Car le général de Gaulle a rejeté le traité de non-prolifération. […] ».

Le problème fut donc celui de la trahison du grand homme charismatique. Le président Sarkozy déplaça néanmoins le débat sur la question des structures. C'est au nom d'un certain réalisme politique qu'il souhaitait réintégrer la France au commandement de l'Otan. À la doctrine de l'hyperpuissance américaine et à une vision d'un monde unipolaire, Sarkozy opposa une vision du monde comme monde des puissances relatives :

> « La diplomatie forte, c'est une France qui assume ce qu'elle est et qui s'engage. Dans le monde des "puissances relatives", aucun État ne peut imposer seul son point de vue. Aucun. Et la coopération et la solidarité sont les fondements de l'action. Un État seul, une nation solitaire, c'est une nation qui n'a aucune influence. Et si l'on veut peser, il faut savoir agréger à nous des alliés et des amitiés. On l'a très bien vu en Europe ».

Cette position fut critiquée comme étant idéologique. L'UMP parlait de réintégrer une « famille ». La difficulté était évidemment de pouvoir parler de sa propre voix. La France perdait une partie de son autonomie sans réelle raison aux dires de certains. François Bayrou résuma ainsi la question :

> « Je considère que la France abandonne là quelque chose d'infiniment précieux qui était le signe de son indépendance. Contre quoi ? Rien ».

Cette sentence courte caractérise bien la nature de la question. Il s'agissait bien de la grandeur de la France. Le président Sarkozy avait considéré que la France devait faire face à la réalité d'une situation. L'opposition y voyait une perte d'indépendance. Il est sans doute possible de dire que Nicolas Sarkozy avait pris la mesure de l'échec de la France en 2003. Il semble en tout état de cause que, à moyen terme, les faits aient donné raison à Colin Powell. La France rentrait bien dans le rang. La doctrine de la puissance relative s'opposait en réalité avec l'idée d'une grandeur absolue. On opposait l'indépendance à l'allégeance. Mais malgré cette rhétorique, on voyait bien la difficulté d'une puissance qui ne pouvait pas véritablement peser seule sur le monde. La dialectique de la maîtrise et de la servitude joue toujours à plein. Nicolas Sarkozy avec la théorie de la puissance relative humiliait à la fois la France et les États-Unis. Tout du moins ceux des Américains et des Français qui voulaient voir un monde unipolaire présidé par l'hyperpuissance américaine. Cependant en rentrant dans le rang, il limitait la puissance de la France dans ses interventions.

Nicolas Sarkozy pécha également par précipitation en renversant le colonel et chef d'État Kadhafi en Lybie. Déstabilisant la Libye comme les Américains avaient déstabilisé l'Irak, il créait un abîme dans cette région. Il commit la même erreur qui consistait à imaginer que la démocratie libérale de type occidental allait s'imposer dans des sociétés qui ne pouvaient les accueillir du fait de leur structure tribale. Cette sorte de dogmatisme de la démocratie était une illusion. La mort du chef d'État libyen ouvrait la place pour le chaos. Elle se déroula dans un contexte assez trouble par ailleurs. On ne sait trop si le but recherché était l'établissement de la démocratie ou bien s'il s'agissait simplement de régler une simple rivalité entre le Président français et le colonel Kadhafi. Le doute planera sur cette question.

En revanche, le chaos instauré dans la région qui va de l'Algérie à l'Arabie saoudite a créé des formes politiques tout à fait nouvelles voire révolutionnaires. L'émergence d'un État islamique est la conséquence de la déstabilisation de la région. Le désordre de la situation a engagé un combat tribal conduisant à l'émergence de ce type d'organisation. Elle revendique le statut d'État avec une administration et un budget mais, de fait, reste quelque chose qui ne peut être que clandestin. Dans sa clandestinité, elle nargue les États constitués comme les États-Unis ou la France. « L'État islamique » pose des problèmes à tous ceux qui se réclament d'une certaine grandeur. D'une part, la méthode terroriste s'attaquant indifféremment à toute personne, y compris la veuve et l'orphelin semble complètement dépourvue d'idéal chevaleresque. D'autre part, le type de vie préconisé par l'État islamique semble en décalage complet avec la vie moderne, même s'il est contraint d'utiliser des technologies modernes pour combattre et animer sa propagande. En d'autres termes, il est enlisé dans la contradiction d'une entité qui revendique une identité traditionnelle qui refuse toute modernité. Ne pouvant se passer des avancées techniques pour la victoire politique, il est contraint de les utiliser.

Cette dernière transformation politique, constituant une sorte de nouvelle métamorphose de la décolonisation de l'Empire ottoman, pose des problèmes d'ordre doctrinal sur la nature même du politique. Si on considère que l'État-nation est la forme moderne de l'État, on admet que l'État, c'est trois composants : un territoire, un gouvernement avec une administration et une population. L'État Islamique a et n'a pas tout cela. Son territoire est quelque chose qui varie. Il peut s'implanter en Libye ou ailleurs selon les besoins. Il publie bien un budget, mais celui-ci ne correspond pas à grand-chose de localisable dans l'espace et dans le temps. Son mode de fonctionnement est celui de la terreur en réalité : c'est-à-dire une alternance de périodes calmes et de grande peur où des actions spectaculaires sont commises. Comme il ne navigue jamais que sur le ressentiment de ses membres, sa population est elle-même plus ou moins fantomatique et composée de partisans invisibles à l'œil nu. De ce point de vue l'État islamique pose un problème à un État français qui ne se conçoit que sur le mode de la grandeur. Sa légitimité est celle du ressentiment. Cela implique un mode de fonctionnement différent des modèles traditionnels : la légitimité charismatique est ici présente. Toutefois ce charisme a ceci d'ambigu qu'il est celui du chef qui se cache. C'est un charisme de la dissimulation. En ce qui concerne le rapport à la légitimité traditionnelle, on peut voir que celle-ci est revendiquée sans cesse, mais suppose une interprétation particulière des textes sacrés. La tradition en question semble plus une manière de se défendre qu'une croyance admise positivement. Quant à la légitimité rationnelle, elle semble absente. Toutefois cela est à nuancer par le fait qu'il y a une administration constituée et que certaines règles doivent être observées. Cela ne signifie pas que l'arbitraire ne règne pas.

Il ne s'agit évidemment pas ici de chercher une justification à l'État islamique ou bien d'y trouver une quelconque règle de justice. Il s'agit seulement de voir qu'il occupe en fin de compte le pôle opposé à celui que veut être celui de la France dans la grandeur. En se réclamant de l'héritage de la philosophie des Lumières, la France prétend être un pays éclairé pouvant servir de modèle au monde. L'État islamique fait exactement l'inverse. Son goût pour le noir est un goût pour l'obscurité. Il se fonde essentiellement en tant qu'entité révolutionnaire. Il ne s'agit pas ici de la révolution comprise comme lutte des classes comme le sont les révolutions marxistes ou comme lutte des ordres comme pouvait l'être la Révolution française. Il s'agit d'une révolution par la religion qui est censée ramener dans les pays occupés, l'ordre qui a été meurtri à la fois par les récentes guerres, mais aussi par le régime de la colonisation. L'État islamique en tant qu'entité incompréhensible par les tenants de l'État-nation pose de façon cruciale le rapport de la France à sa propre identité. Il joue sur le rapport à l'anti-islamisme et au racisme. Cela pose des questions concernant la laïcité et un racisme moralement rejeté, mais peut-être inhérent à la France de la Cinquième République. Il ne fait pas de doute que la Cinquième République est née de l'incapacité à résoudre la question de la décolonisation. Or une telle question contient de manière inconsciente et impensée cette question de l'exclusion raciste. Le racisme n'est donc pas simplement derrière nous, mais également devant nous.

Ce fait se voit dans la dialectique qui a été celle de la Cinquième République : une dialectique du maître et de l'esclave où la question de l'indépendance de l'État-nation était centrale. Le mouvement fut celui d'un balancier qui oscillait de la domination impériale à l'allégeance à la puissance de niveau supérieur. C'étaient les vieux jeux de la féodalité qui se réactivaient sans s'assumer comme tels. Mais le problème de la grandeur était bien celui-là : affirmation d'une puissance plus ou moins limitée d'une part, et affirmation d'une voix à prétention universelle de l'autre. Cette politique de la grandeur est une politique de la conscience de soi d'un État. Elle est aussi celle de la conscience de soi des hommes Mais cette grandeur renvoie à une forme évidente de narcissisme. Le narcissisme français tient dans cette volonté de regarder et, tout en se regardant, de se voir regardé. Le narcissisme de ce genre de position est un narcissisme de la réversibilité comme le disait Maurice Merleau-Ponty :

> « Le voyant étant pris dans cela qu'il voit, c'est encore lui-même qu'il voit : il y a un narcissisme fondamental de toute vision et que, pour la même raison, la vision qu'il exerce, il la subit aussi de la part des choses, que comme l'ont dit beaucoup de peintres, je me sens regardé par les choses, que mon activité est identiquement passivité, ce qui est le sens second et plus profond du narcissisme : non pas voir dans le dehors, comme les autres le voient, le contours d'un corps qu'on habite, mais surtout être vu par lui, exister en lui, émigrer en lui, être séduit, capté, aliéné par le fantôme, de sorte que le voyant et le visible se réciproquent et qu'on ne sait plus qui voit et qui est vu ».

En même temps qu'elle regarde le monde, la France se sait et se veut regardée par lui. La question de la grandeur entraîne un jeu de regard. Regarder, c'est être vu. Mais regarder, c'est imposer un ordre, une vision et une puissance. Il n'est pas de regard neutre et de regard qui n'asservisse ou ne soit asservi. Cette question de l'asservissement est au cœur de la question de la grandeur. C'est la question de savoir comment le grand regarde les autres : les regarde-t-il avec une condescendance aimable, les regarde-t-il avec mépris ? Et quant à lui souhaite-t-il être admiré ou bien accepte-t-il d'être jugé en toute impartialité ?

En réalité si on suit l'histoire de la Cinquième République, toutes les options ont été prises : c'est, d'une part, avec respect et, d'autre part, avec mépris que la France a considéré les autres pays. De la même manière, c'est avec respect et mépris qu'elle a pu être regardée. Cette question du rapport à l'autre a pris une forme particulière très virulente au cours de cette histoire : celle du racisme. C'est cette forme qu'il nous faut maintenant étudier en montrant comment le racisme n'est pas un élément extérieur à la Cinquième République, mais qu'il est inhérent à l'idée même de la grandeur. Le racisme constitue une part de l'inconscient que se donne la France en instituant la nouvelle Constitution en 1958.

III.

Le racisme ou l'inconscient de la Cinquième République

La question du racisme n'est pas une question que l'on saurait escamoter. Elle implique un discours fortement idéologisé. La complexité de ce discours, son ancrage dans la population font qu'il ne saurait être détruit par des arguments moraux fort simplistes. L'un des visages du racisme politique en France fut incarné par le Front national. Celui-ci fit irruption à l'Assemblée nationale en 1986. Le parti obtint trente-cinq députés siégeant à l'Assemblée grâce à l'adoption du scrutin proportionnel. On accusa François Mitterrand d'avoir usé de ce mode électoral pour atténuer une défaite humiliante. Ce serait donc par une sorte de calcul politique qu'un Président machiavélique aurait fait entrer le loup dans la bergerie républicaine. C'est tout du moins là la version officielle de cet acte. Les socialistes arguèrent du fait que le Front National était fortement minoritaire et ne constituait pas une menace sérieuse. La droite dite républicaine y vit néanmoins une source de division, ce qui montrait évidemment que son électorat naturel pouvait être tenté par un discours ouvertement raciste ou antisémite. Le chef du groupe, chef hautement charismatique, Jean-Marie Le Pen n'hésitera pas à qualifier de « détail » les chambres à gaz. Ce faisant, il provoqua une indignation morale qui permettait à ses adversaires de se donner bonne conscience et à lui-même de s'assurer une notoriété à peu de frais, ce qui était en fin de compte la moindre des choses. En déplaçant la question sur le plan de la morale, il permettait surtout d'être certain qu'on ne guérirait pas la maladie. Comme le dit le philosophe Spinoza, « Si les hommes naissaient libres, ils ne formeraient aucune idée de bien ou de mal ». Cela signifie que la question n'est pas celle de l'indignation et du bien moral. La question est celle de la bonne santé et de la maladie. En déplaçant le problème vers ce champ moral pour lui inoffensif, le microbe a été sûr de prospérer. Cette prospérité tenait à deux choses : d'une part à une hypocrisie dans la grandeur française. La France se disait grande dans la Cinquième République parce qu'elle avait achevé sa décolonisation et mis fin à un empire tout en continuant à être écoutée sur le plan international comme une grande puissance. Elle est la cinquième ou sixième puissance économique de la planète. Elle possède par ailleurs l'arme atomique, ce qui en fait une puissance qui se laisse difficilement attaquer. Pour toutes ces raisons la France semble une puissance qui compte. C'est ce que lui dit sa conscience.

Mais son inconscient, le refoulé est sans doute moins tendre avec elle. Il y a certes eu une décolonisation. Cependant cette décolonisation ne fut pas sans laisser une forme de ressentiment. Le rapatriement des pieds noirs avait causé un traumatisme dans un pays qui par ailleurs vivait une embellie et une croissance économique sans précédent jusque dans le milieu des années 1970. Après les choses se gâtèrent. Il n'est peut-être pas très sérieux de voir dans l'apparition du Front national simplement le résultat d'un calcul politique. Il tient dans la composante raciste impossible à éliminer de la société moderne française. Que faut-il entendre par racisme alors ? Il faut y voir peut-être plus qu'une idéologie même si le racisme fonctionne aussi de façon idéologique. On peut, peut-être, le ramener à un discours qui assume la pulsion de mort freudienne comme l'un des centres de son propos. Michel Foucault dans son cours de 1976 au Collège de France disait ainsi :

> « En gros, le racisme, je crois, assure la fonction de mort dans l'économie du biopouvoir, selon le principe que la mort des autres, c'est le renforcement biologique de soi-même en tant que l'on est membre d'une race ou d'une population, en tant qu'on est élément dans une pluralité unitaire et vivante. Vous voyez que nous sommes là, au fond, très loin d'un racisme qui serait simplement et traditionnellement, mépris ou haine des races les unes pour les autres. Nous sommes très loin aussi d'un racisme qui serait une sorte d'opération idéologique par laquelle les États, ou une classe, essaieraient de détourner vers

un adversaire mythique des hostilités qui seraient tournées vers [eux] ou qui travailleraient le corps social. Je crois que c'est beaucoup plus profond qu'une vieille tradition, beaucoup plus profond qu'une vieille idéologie, c'est autre chose. La spécificité du racisme moderne, ce qui fait sa spécificité, n'est pas liée à des mentalités, des idéologies, aux mensonges du pouvoir. C'est lié à la technique du pouvoir, à la technologie du pouvoir. C'est lié à ceci, qui nous place au plus loin de la guerre des races et de cette intelligibilité de l'histoire, dans un mécanisme qui permet au biopouvoir de s'exercer. Donc le racisme est lié au fonctionnement d'un État qui est obligé de se servir de la race, de l'élimination des races et de la purification de la race, pour exercer son pouvoir souverain ».

En d'autres termes, le racisme n'est pas un parasite à éliminer. C'est même tout le contraire. Il est la condition de possibilité de la société. On peut se demander dans ces conditions pourquoi le racisme est ainsi combattu par les partis républicains. Cela peut paraître étrange. Mais le Front national constitue un excellent prétexte pour imposer une politique. En 2002, Jacques Chirac, quasiment élu au premier tour, refusera de débattre dans l'entre-deux-tours. Il signifiait par-là que l'alternative était entre lui et la mort : ce sera eux ou nous, sans dialogue possible. On fera remarquer que les résultats écrasants du second tour n'empêchèrent pas le Front national de continuer à prospérer. D'une certaine façon le Front républicain constitué en 2002 entre les deux tours des élections s'est révélé illusoire. Le phénix du Front national a pu renaître de ses cendres et se raffermir pour être plus fort encore en 2017. Il est tout à fait possible que cette façon de se consolider soit liée à l'idée de grandeur. Comme nous l'avons dit, la grandeur c'est ce qui donne une identité à l'État français. Que cette identité soit ici imaginaire ou réelle n'est pas la question. Il est après tout possible de construire une identité sur un discours fictif et il n'est jamais simple en matière d'identité politique de faire clairement le départ entre réel et imaginaire. Le Front national se construit sur un discours de type raciste et diabolique en un sens. Si on parle constamment d'une « dédiabolisation » de ce parti, c'est qu'on reconnaît qu'il comporte sa part de mal. Mais si on parle de dédiabolisation, c'est que son parcours s'inscrit dans une forme mythique. Cette inscription du racisme dans une mythologie de la grandeur est sans doute inscrite dans le récit que la France fait d'elle-même. La France se construit dans une sorte de récit infantile qui se veut être une lutte du bien contre le mal. Deux Présidents furent élus au premier tour de l'élection présidentielle sur cette fiction. Ce récit en vaut sans doute un autre. Mais il importe de comprendre quels en sont les ressorts.

Le racisme et la grandeur à l'origine :
la question de la colonisation

Comme le signale Hannah Arendt, ce qui frappa en premier lieu les colons blancs quand ils entrèrent en Afrique noire, ce fut toute cette étendue immense, ce continent infini. Pour le dire autrement, les colons se trouvèrent face à un continent entièrement peuplé de sauvages. Ce rapport au sauvage avait déjà été fortement discuté dans la pensée française. On se rappelle des écrits de Montaigne sur les cannibales, de la question du bon sauvage au XVIIIe siècle avec des auteurs comme Rousseau, Diderot ou Voltaire ou Montesquieu avant eux qui avaient tous essayé de redonner une sorte de dignité à cette humanité oubliée. La question se posa de nouveau au XXe siècle avec Merleau-Ponty qui s'interrogeât sur les liens entre ce qui est sauvage et ce qui est institué, ou avec Claude Lévi-Strauss qui signalait bien que ce qui était sauvage était marqué par une sorte de tristesse : celle des tropiques qui furent colonisés. D'une certaine façon, il faut se poser la question de savoir quels furent le rôle et la position de Claude Lévi-Strauss dans le paysage intellectuel et politique français. Car il faut bien reconnaître que malgré tous les efforts de la réflexion en France pour contrecarrer le discours raciste, celui-ci n'a cessé de prospérer. On ne peut sans doute pas l'éliminer d'un coup de baguette magique. Le racisme est sans doute lié à une forme de souffrance qui est une souffrance identitaire. Il s'agit de dire « qui » on est. La réponse à la question « qui » se fait à partir du discours sur la race. C'est la race qui est considérée comme grande, c'est à partir d'elle qu'on se repère. La notion de grandeur est vue ici comme une notion relative. Elle pose la question générale de la vie et de la mort et des valeurs de vie en fonction du droit du sang.

Il faut remarquer également qu'il s'appuie sur une tradition culturelle qui existe. Mais cette tradition étant le négatif de l'idéal républicain, elle est peu enseignée à l'école. Elle gagne de ce fait la possibilité d'être considérée comme un secret et un mystère. Cela est intimement lié à son statut de discours idéologique. L'idéologie, à l'inverse de l'opinion, serait une idée suffisamment forte pour expliquer l'histoire, le monde et les énigmes de l'univers. Elle est intimement liée à un déchiffrement de la réalité qui est toujours vu par elle comme une réalité cachée. Il y a, comme on le sait, eu deux idéologies principales dans les siècles passés : celle de la lutte des classes en vue d'obtenir la domination économique, et au travers elle une domination politique, et celle de la lutte des races qui serait une lutte naturelle.

Il semble malaisé de pouvoir localiser exactement la pensée raciste. Hannah Arendt pense que c'était une idée diffuse au cœur de toute l'Europe au cours du siècle des Lumières. Si elle apparaît dans l'œuvre d'un Boulainvilliers, qui fut un libre penseur et connaisseur de Spinoza, c'est qu'elle s'appuie sur l'idée que « la force fait droit ». Tout discours idéologique repose sur un discours d'interprétation du cours des forces. Avec Boulainvilliers, naît un discours qui dit que les nobles sont les descendants des anciens Germains francs qui réduisirent à l'esclavage les populations autochtones gauloises. Cette domination était fondée en droit sur le droit de conquête et sur le principe que la force fait droit. On voit dans ces conditions en quoi ce discours est fondé sur le négatif de l'idée d'une égalité entre les citoyens et entre les hommes. Pour ces raisons, l'idéal républicain qui se construit sur le récit mythique de la conquête de l'autonomie au travers de la Révolution française ne supporte pas le racisme. Et pourtant ce racisme lui est sans doute nécessaire comme sa part négative, l'animal qu'il doit traquer sans jamais pouvoir ou vouloir le tuer. Le racisme est l'ombre noire et fuyante de la période des Lumières. Il ne saurait disparaître simplement. Il s'appuie sur deux causes sous la Cinquième République : d'une part le colonialisme qui a disparu en laissant des traces gigantesques, d'autre part ce que Michel Foucault a caractérisé comme biopolitique.

Le racisme peut de ce fait être pensé comme la trace laissée par l'impérialisme français. Il est détonnant par rapport au discours officiel habituel. Ce discours depuis l'apparition des philosophies de l'histoire affirmait que la clé de l'histoire, c'était l'idée de progrès. Cette idée se caractérisait par une sorte d'optimisme. Elle considérait que l'avenir serait mieux que le passé. Un certain nombre d'arguments vont dans le sens d'un progrès. En premier lieu, il y a l'augmentation de l'espérance de vie. Depuis la fin de la Seconde Guerre Mondiale, elle a augmenté de près de vingt ans pour les hommes et pour les femmes en passant respectivement de soixante ans d'espérance à quatre-vingts ans et de soixante-cinq à quatre-vingt-cinq ans. Par ailleurs, d'un point de vue technique les vies ont considérablement changé. Les transports se sont améliorés. La télévision, le téléphone, l'informatique ont complètement changé les modes de vie. Mais sur ces derniers points, la question du progrès est fortement remise en question. Car s'il est admis que ces nouvelles technologies apportent un nouveau mode de vie, il n'est guère reconnu qu'il s'agit de forme de vie meilleure que par le passé. D'un point de vue culturel, c'est-à-dire du point de vue du développement de l'esprit critique et de l'intégration des générations nouvelles dans une tradition, il semble que les nouvelles technologies fonctionnent de façon perverse. Essentiellement financés par la publicité qui se nourrit des facilités de la société de consommation, Internet et la télévision ne peuvent trouver l'indépendance qui permet de constituer une forme d'esprit critique. Comme il s'adresse par ailleurs aux êtres humains dès leur première jeunesse, il y a une sorte de naturalisation de ce qu'il faut bien appeler une forme de « bêtise » qui consiste à ne pas questionner des attitudes servilement commerciales. Ces points étant plus ou moins actés, il apparaît ainsi que la sécularisation du monde contemporain laisse ouvertes des difficultés concernant les formes de vies alternatives qui peuvent se développer. L'avantage du racisme sur les autres modes de vie en question est qu'il propose un discours constitué plus ou moins organisé. Le fait est que l'idéologie raciste se constitue dès son commencement comme un discours alternatif à l'idéologie du progrès. Or, comme le dit le philosophe Jocelyn Benoist :

> « Pour dire les choses brutalement, le progrès n'est plus une idée qui paraisse recevable ».

Ainsi des philosophes comme Jocelyn Benoist et Fabio Merlini ne s'inscrivent pas dans le discours raciste. Mais par ailleurs ils prennent acte de ce que tout le monde a constaté : l'histoire en tant que paradigme et compréhension ultime de l'humanité, a volé en éclats avec l'effondrement de l'URSS. La question de la fin de l'histoire se pose également en ces termes : doit-on considérer que l'histoire en tant que discipline puisse survivre ? Le fait est qu'on ne croit plus en un de ses éléments principaux : le progrès. Dans ces conditions le discours raciste fonctionne très bien. Il ne propose pas une sortie de l'histoire, mais une autre histoire : celle d'un nationalisme qui s'oppose à la décadence des communautés. Un tel mouvement est celui du contre-courant comme le remarque Hannah Arendt :

> « L'aspect le plus surprenant de cette théorie, avancée au cœur de cet optimiste XIXe siècle, tient au fait que Gobineau soit fasciné par la chute des civilisations, et fort peu par leur essor ».

Le fait est que le discours raciste est un discours qui voit dans l'histoire une forme de décadence et non une forme de progrès. Il s'agit de se battre contre cette forme de décadence. La manière dont l'histoire s'explique est extrêmement simple. On pourra dire qu'elle est simpliste. En revanche elle est cohérente dans son unité. Elle constitue selon l'expression de Hannah Arendt « une nouvelle clé de l'histoire ». Il est évident que cette clé fut utilisée de manière tout à fait diverse selon les cas. Ce fut ainsi le cas de Gobineau ou Benjamin Disraeli, le Premier Ministre britannique adoré par la reine Victoria, qui pouvaient être des hommes éduqués et tout à fait respectables en un certain sens. Comme Adolf Hitler et la racaille qui l'accompagnait dans ses œuvres néfastes, ce pouvait être des sauvages plus ou moins rusés et moralement tout à fait indignes. Le fait est que le discours raciste pouvait facilement intéresser des hommes pleins de ressentiments. Un homme comme Hitler qui s'était retrouvé à la rue, et donc complètement exclu de la société, pouvait certainement considérer que la société n'était jamais qu'une manière injuste de se débarrasser des plus faibles. Son problème fut celui de répondre à la question : pourquoi dans les sociétés modernes, les « faibles » dominaient les « forts » qui ainsi étaient relégués à la marge ? À cette question, le discours raciste de la décadence apportait une réponse satisfaisante du point de vue d'un homme animé par un ressentiment très fort. L'ambiguïté de ce discours se révèle saillante dans la philosophie de Nietzsche.

La philosophie de Nietzsche conteste l'idée de progrès ainsi que l'esprit des Lumières. Son amour prétendu pour la France est un amour pour la France aristocratique et un mépris pour la France républicaine. Des figures comme celles de Victor Hugo ou d'Émile Zola qui sont assimilées à un « art de puer » sont des figures parfaitement méprisées. Il semble à bien des égards se rapprocher du discours d'un Boulainvilliers. Dans *La Généalogie de la morale*, c'est une « bête blonde » forte qui écrase un inférieur qui fonde l'État. L'idée d'un contrat social qui est au cœur de la République était méprisée par Nietzsche. Cette idée au cœur du fondement de la Cinquième République était dénoncée comme étant illusoire et mensongère. Le référendum qui permettait l'adoption de la Constitution voulait se donner une légitimité qui se passait du rapport de force. La falsification reposait dans ce mensonge. Or un tel discours, qui était celui de « la force fait droit », était évidemment un discours de tous ceux qui avaient un ressentiment envers le régime. Les partisans de l'Algérie française pouvaient aisément s'y retrouver. On pourra opposer que c'est là une lecture fallacieuse de Nietzsche et que la pensée du philosophe était bien plus complexe que cela. Toutefois, il faut remarquer avec Marc Crépon que :

> « Si la récupération de Nietzsche au profit d'idéologies racistes est une falsification, il faut reconnaître que celle-ci n'était pas difficile à faire ».

Il faut toutefois souligner que si Nietzsche méprisait Victor Hugo, il méprisait plus encore un antisémite et un raciste. Toute la difficulté tenait dans l'idée que ces gens se faisaient de la grandeur. La grandeur, c'était en fin de compte ce pour quoi on se battait : une image plus ou moins idéalisée de l'identité qu'on se donnait au travers de l'État. Cette idée de grandeur culminait avec l'idée d'une « grande politique ». On peut dire, qu'à proprement parler, cette « grande politique » ne s'est jamais concrétisée au sens nietzschéen du terme. En revanche on peut observer que des politiques de types racistes et antisémites ont pu s'appliquer au cours du xxe siècle. D'un point de vue théorique, elles ont été dénoncées par le philosophe dans leur grandeur comme le remarque Marc Crépon :

> « Si le nationalisme et la haine raciale font l'objet d'une condamnation sans appel,[...], c'est précisément parce qu'ils s'opposent plus que tout à une "grande politique". C'est pourquoi Nietzsche leur réserve le nom de "petite politique". Or cette opposition vient d'abord de ce que le nationalisme cherche toujours à se faire passer pour une grande politique ».

Il y a donc toujours l'idée de grandeur au cœur de ce combat d'idées. Mais ce combat devient crucial quand les chefs s'en emparent. Nietzsche ne pouvait accepter la médiocrité du nationalisme et du racisme tout simplement parce qu'il ne croyait pas à la pureté de la race. S'il reprend le discours d'un Boulainvilliers, c'est pour nier qu'il puisse s'installer durablement dans le temps. Il n'y a pas à ses yeux de pureté de la race à l'heure actuelle et ce parce que l'histoire donne bien lieu à ce qu'il est convenu d'appeler un « métissage » et un « mélange des races ». L'idée de maintenir la pureté de la race au long d'une histoire linéaire est purement fantasmatique. Cette idée ne peut être prise au sérieux. Elle est toutefois acceptée par le discours raciste qui y voit une manière assez simple d'expliquer les rapports de force réels.

Or, assez curieusement, c'est ce problème inhérent à la pensée nietzschéenne qui se pose avec la Cinquième République en France. La grande question des tenants de l'Algérie française, lorsqu'elle est traduite sous une forme mythique n'est autre que celle-ci : « comment les forts – c'est-à-dire nous –, ont-ils pu être dépossédés de leurs biens par les faibles – c'est-à-dire les Algériens ou de façon plus globale les colonisés ? » Le problème du raciste, c'est celui de la décadence. C'est également celui du retournement des valeurs. Il ne peut donc voir les choses comme un progrès. Mais son discours est inaudible auprès de la masse de la population quand celle-ci a l'impression de vivre une ère de progrès et de prospérité. Le principal rempart à la pensée raciste fut donc la période des trente glorieuses.

Au moment où la Cinquième République commence la croissance est bien entamée. Au cours de la période où il dirigea le pouvoir, le général de Gaulle a par ailleurs réussi à imposer une autre forme de grandeur : celle de l'indépendance nationale et celle de la croissance économique. Ce n'était plus celle de l'impérialisme. La lutte entre les deux formes de grandeur tournait court. Le général de Gaulle incarnait la Résistance contre l'Allemagne nazie, pays qui avait fonctionné de façon raciste et antisémite au plus haut point. Fier de ce succès dans la lutte contre le racisme, il était donc essentiel de trouver une base idéologique de la grandeur dans un domaine qui n'aurait aucune référence dans les anciennes valeurs.

Certes, en réaction aux nouvelles options, diverses organisations comme l'OAS ont joué le rôle de formations armées dans la clandestinité. L'OAS tua plus de douze mille personnes selon le général de Gaulle dans ses Mémoires d'Espoir. Mais ce chiffre porte à contestation et certains historiens le divisent par six. De tels actes restent naturellement liés à la nostalgie d'un colonialisme qui disparaissait pour toujours. En France les groupes d'extrême-droite existaient aussi et exerçaient un racisme militant. Un groupe comme Occident, créé en 1963, se réclamera de l'idéologie maurrassienne et lira des écrivains comme Louis-Ferdinand Céline ou Georges Brasillach. Il ne niera pas être raciste et ne rejettera pas le qualificatif de fasciste. Ce groupement de jeunes étudiants restera néanmoins peu important. On compte au maximum mille-cinq-cents membres sur une période allant de 1964 à 1968. Mais d'après certains membres de l'organisation celle-ci n'excéda jamais les huit-cents membres. Ce mouvement qui se réunissait sur une idée de racisme et d'anticommunisme vit qu'il ne pouvait lutter face aux organisations d'extrême-gauche. Le mouvement Ordre nouveau, fondé en novembre 1969, reprit le flambeau jusqu'en 1973. Il fut à l'origine de la création du Front national en 1972. Les élections législatives de 1973 constituent néanmoins un échec puisque le mouvement ne réussit à rassembler que 1,33 % des voix. Son président Jean-Marie Le Pen sera le seul à surnager un peu à Paris avec 5 % des voix. Aux élections présidentielles de 1974, Jean-Marie le Pen ne recueillera que 0,75 % des voix, ce qui pouvait laisser penser que son parti était mort-né. Toutes sortes d'événements jouaient en défaveur du mouvement frontiste. En premier lieu, le cœur de l'extrême-droite paraissait divisé. Certains discours très droitiers de candidats comme Jean Royer lui avaient pris des voix. Mais l'essentiel n'était sans doute pas là. Comment comprendre que le Front national ait pu se retrouver à deux reprises au deuxième tour de l'élection présidentielle si le combat se limitait à ce genre de *passes tactiques*. Le point central qui empêchait une montée de l'extrême-droite, c'était un enrichissement constant du pays. Le ressentiment raciste ne pouvait s'exprimer dans de telles conditions. Mais en même temps les trente glorieuses touchaient à leur fin. La crise pétrolière allait commencer à ralentir la croissance. C'est également sous le septennat de Valéry Giscard d'Estaing que le budget de l'État ne sera plus équilibré et qu'une dette qui ne cessera de croître fit son apparition. Puis vint enfin la question du regroupement familial.

Le décret du 29 avril 1976 autorisa la famille à rejoindre son conjoint immigré en France sous quelques réserves. Cette décision donnait à la France une certaine apparence de grandeur puisqu'elle se fondait sur une forme de générosité motivée par le refus d'une séparation des familles par la mer Méditerranée. Elle ouvrit la voie à une immigration importante qui fut critiquée par le Front national. Le fait est qu'il y avait des difficultés techniques importantes à ce projet. Raymond Barre hostile à une immigration trop importante pour des raisons économiques suspendit le décret en 1977. Mais cet acte fut jugé inconstitutionnel en 1978. Le regroupement familial posa ainsi des difficultés de logement. Cette politique de regroupement familial fut attaquée fréquemment. Elle posa la question de la grandeur dans son rapport à la générosité française. Tandis que les autorités y voient une marque de la générosité et une forme d'hospitalité, les critiques portent sur le caractère désintéressé de cette démarche. Le fait de recourir à une main d'œuvre étrangère permettrait de maintenir des salaires bas. Ainsi l'internationalisation du travail et plus tard ce qu'on appellera la « mondialisation » permettrait une exploitation de l'homme par l'homme. Une critique de type marxiste apparut de ce fait. La seule étrangeté de la chose fut qu'elle était menée par l'extrême droite. Dans les années 1980, le discours du Front national s'installa durablement dans l'espace politique français. On voit ainsi la difficulté d'une telle implantation et de son discours. Son discours était à la fois idéologique et reposait sur le ressentiment lié à la décolonisation. Mais dans le même temps il touchait à des problèmes structurels : capacité d'accueil, lien avec les pays d'où venait l'immigration, structure de l'économie.

Le discours du Front national impliquait, comme on le sait, une forme de diabolisation. Le caractère provocateur de son chef qui n'hésitait pas à sortir des saillies hautement polémiques et indignes à la radio ou dans les plus grands médias ne pouvait pas faire illusion sur la nature du parti et de ses convictions dans les années 1980. En 1987, il déclarera que l'extermination des Juifs par les nazis était « un détail » de la Seconde Guerre Mondiale. Ne niant pas les faits, mais leur valeur, il provoquait un tollé et se fit condamner à de multiples reprises sur cette question. Il sera condamné aussi à de multiples reprises pour des propos tenus pour antisémites ou racistes. On voit ainsi comment ces propos sont de nature à toucher à la question de la colonisation. Un arrêt de la cour d'appel de Paris le 29 mars 1989 estime ainsi que le discours de Jean-Marie Le Pen :

> « Met l'accent sur le "monde islamo-arabe qui actuellement pénètre dans notre pays" et le "danger mortel" pour les Français de se voir ainsi "colonisés" ; que de tels propos sont de nature à créer dans l'esprit des Français l'idée qu'ils sont menacés dans leur identité même par la présence sur leur territoire de musulmans venant du tiers monde, à faire naître envers ce groupe déterminé, à

raison de sa religion des réactions de rejet et à provoquer des actes discriminatoires voire de violence ».

La justice estime ainsi que le propos s'inscrit dans un contexte colonial inversé. Pourtant cet arrêt sera partiellement cassé. Le 8 juin 1993 la Cour de cassation émit l'avis suivant :

> « Les expressions reprochées au demandeur ne désignaient aucune personne ou aucun groupe de personnes autre que des populations étrangères indéterminées, n'étaient de nature à inciter le public ni à la haine, ni à la violence, ni à la discrimination raciale et n'avaient pas dépassé les limites du droit à la libre expression sur le phénomène de l'immigration, la cour d'appel a dénaturé les propos incriminés et fait une fausse application de l'article 24 alinéa 6 de la loi du 29 juillet 1881 sur la liberté de la presse ».

On voit donc ici très bien comment le discours du Front national jongle avec une certaine habileté sur le thème de la décolonisation, celui de l'identité nationale, celui du racisme et de l'antisémitisme, dont il se défend bien entendu, et celui de la liberté d'expression. La Cinquième République qui était née de vouloir décoloniser le monde tout en conservant la grandeur par d'autres moyens, est ainsi constamment rappelée à une simple réalité : ce problème de la décolonisation qu'elle prétendait avoir résolu, elle le reprend de plein fouet avec le Front national qui lui rappelle qu'à côté de la France de Voltaire, de Hugo et du général de Gaulle, il y a également la France de Gobineau, de Maurras, de Drumont et du maréchal Pétain. Ce sont là des références sulfureuses, indignes de la République en un sens, mais faisant pleinement partie d'une entité, la France, qui ne saurait les éliminer sans une hypocrisie. Quoi qu'il en soit, le problème du racisme pour la Cinquième République, c'est le problème de la décolonisation inaboutie et du refus par une certaine France de substituer une nouvelle grandeur à l'ancienne grandeur qui était celle de l'Empire. Mais au travers de cette question de la décolonisation, c'est toute une question proprement politique qui est posée par ce racisme inhérent à la Cinquième République : c'est le problème du rapport de la politique à la mort et à la vie.

Le racisme, la vie et la mort dans la politique

Le côté diabolique du Front national tient en une raison : il fait trembler la République de l'intérieur. Il tient également à un certain rapport à la mort. La droite non républicaine ou ce qu'il est convenu d'appeler l'extrême droite est celle qui tient un discours raciste. Or un certain nombre d'intellectuels comme Michel Foucault ou Jacques Derrida ont montré le lien intime du racisme avec le thème de la guerre et de la mort. Foucault fait du racisme la condition de possibilité *a priori* des grands massacres militaires du XXe siècle. Sans racisme, c'est-à-dire sans la conviction que l'ennemi est d'une « race » inférieure, il n'est pas possible de tuer les gens par milliers. Il est difficile de lier le meurtre de masse comme compatible avec les idéaux religieux. Le « Tu ne tueras point » semble être en contradiction avec la guerre. On rétorquera que les guerres ont eu lieu bien avant le XXe siècle et cela également pour des motifs religieux. La guerre a toujours posé des problèmes de conscience à ceux qui y participent. Il était, par ailleurs, plus simple de l'imposer si on considérait que l'adversaire ou l'ennemi n'appartenait pas au genre humain mais était un sauvage ou un monstre. Le racisme dit ainsi Michel Foucault est lié à l'émergence d'un biopouvoir. Le biopouvoir exige le racisme comme possibilité de faire de la politique, c'est-à-dire exercer la violence légitime. L'analyse de la situation est la suivante :

> « Le racisme va se développer primo avec la colonisation, c'est-à-dire avec le génocide colonisateur. Quand il va falloir tuer des gens, tuer des populations, tuer des civilisations, comment pourra-t-on le faire si l'on fonctionne sur le mode du biopouvoir ?
> À travers les thèmes de l'évolutionnisme, par un racisme.
> La guerre. Comment peut-on non seulement faire la guerre à ses adversaires, mais également exposer ses propres citoyens à la guerre, les faire tuer par millions, comme cela s'est passé justement depuis le XIXe siècle, sinon, précisément, en activant le thème du racisme ? ».

Le racisme, c'est la réponse politique qui anime le droit de tuer dans une époque qui commence à normaliser les gens, à les enregistrer dans des normes statistiques et à les classer par séries. Là où il y a racisme, il y a le goût du sang. Le racisme est lié au droit de donner la mort.

Or on sait que l'une des décisions les plus importantes du point de vue politique fut celle de l'abolition de la peine de mort. La loi promulguée en octobre 1981 change en réalité la nature de la politique et du politique en général qui voyait son droit à supprimer la vie, éliminer. Désormais quand l'État tuerait, il ne pourrait plus le faire dans un cadre juridique. Jacques Derrida considère que la peine de mort n'est pas simplement une peine plus dure que les autres. Elle est la condition de possibilité d'une certaine manière d'envisager le système pénal. Avec l'abolition de la peine de mort, ce n'est pas un degré du système de punition qui change de niveau. C'est la politique dans son ensemble qui change de nature. Elle change de nature d'abord parce que la violence légitime ne peut plus consister à donner la mort dans le cadre d'un tribunal, que celui-ci soit militaire ou civil. La politique change également dans son rapport à la guerre. Elle maintient naturellement le droit de tuer dans la bataille. Elle reste néanmoins bien plus lâche dans ce qu'on appellera les guerres asymétriques, les luttes contre les partisans ou ce que l'on appelle de façon plus habituelle de nos jours la lutte contre le terrorisme. La question qui se pose est celle de savoir ce qu'est un ennemi public et comment lui répondre, étant entendu qu'une réponse égale ne peut lui être opposée. Le problème tient à la question de savoir ce qu'est une guerre. Faut-il considérer que la France est en guerre contre les terroristes et faire intervenir l'armée ou bien considérer qu'il s'agit là de crime de nature politique, relevant de la police ? L'abolition de la peine de mort était sans compromis. D'une certaine façon le ministre Robert Badinter pouvait se réclamer de Beccaria. Il produira une préface à son ouvrage *Des délits et des peines*. Ce faisant il inscrivait la France dans la filiation des *Lumières*, même si celles-ci furent italiennes et non françaises. C'était une façon de renvoyer la France à la grande histoire de la raison. Ce fut incontestablement la dernière grande loi de nature politique de la Cinquième République. Quand François Mitterrand dira qu'il sera le dernier des grands Présidents et que seuls des comptables le suivront, il pouvait sans doute le faire en référence à cette loi. Cette loi abaissait considérablement la fonction présidentielle. Le président de la République conservait le droit de grâce. Mais cette grâce ne pouvait plus consister à sauver une vie. Elle concerne toujours la possibilité de réduire les peines cependant. En perdant le droit d'enlever la vie, l'État perdait par la même raison la possibilité de la sauver. L'alliance du théologique et du politique se défaisait de ce fait si on considère avec Jacques Derrida que la question de la peine de mort est la question au centre de l'union des deux entités. Le statut transcendant du Président s'effondrait. Cette entrée dans l'immanence politique était la conséquence de cette abolition. Le Président pouvait bien produire et décider d'une situation d'exception, mais celle-ci n'était pas assez exceptionnelle pour sauver une vie.

Avec la loi en question, la France faisait un grand bond en avant. Elle pouvait considérer que c'était une partie de sa grandeur qui tenait là. Cette manière de reprendre l'héritage des *Lumières* ne va cependant pas de soi. En premier lieu Beccaria voyait quelques exceptions à la fin de la peine de mort. Toute atteinte à la sûreté de la nation ou toute possibilité que le criminel de provoquer une révolution rendrait la peine de mort utile. Or ces clauses suspensives feraient sans doute appliquer souvent la peine de mort encore aujourd'hui. Le problème n'était donc pas celui d'une conformité, mais bien plutôt d'une fidélité infidèle, c'est-à-dire qui peut prendre ses distances avec les principes dont elle se réclame sans pour autant entrer en contradiction avec eux. La fidélité aux *Lumières* est en même temps une fidélité à l'égard des droits de l'homme comme le dit Robert Badinter dans la préface à l'ouvrage de l'auteur italien. Elle revendique donc un héritage de la raison et de l'homme. Ce sont sans doute là des valeurs fortes. Elles ont néanmoins le défaut de ne pas être unanimement partagées. Les droits de l'homme ont été contestés par l'extrême gauche qui y voyait essentiellement un programme de classe : les droits en question n'étant alors que l'expression d'une classe sociale qui voudrait rendre naturelle sa victoire dans l'ordre social qui ne serait qu'une victoire temporaire et qui voudrait masquer la lutte des classes. Ils ont été également contestés par l'extrême droite pour la même raison qu'ils masquaient le processus violent à leur origine et aboutissaient à un renversement de l'ordre juste en permettant aux races inférieures de l'emporter sur les races supérieures.

On remarquera que c'est à partir du moment où la peine de mort a été abolie en France que le Front national a accédé au pouvoir. Il n'y a pas là de lien de cause à effet direct. Néanmoins le rétablissement de la peine de mort a été réclamé dès 1986 par les députés frontistes qui n'ont comme à l'accoutumée pas obtenu gain de cause. Ils firent néanmoins les remarques suivantes :

> « L'abolition de la peine de mort constitue un déni de justice envers la victime, dont l'assassin voit sa propre vie protégée par la loi. Ce refus du châtiment proportionné à la faute explique, sans l'excuser, la détestable et meurtrière multiplication des actes et organisations spontanés d'autodéfense. S'il appartient à chacun de pouvoir pardonner l'injure qui lui est faite, l'État, garant de la paix publique, ne saurait sous peine d'anarchie refuser aux victimes la seule réparation qui soit à la mesure de la faute. L'irréversibilité du crime commis doit être compensée par l'irréversibilité de la peine. »

On voit bien que l'abolition de la peine de mort touche un point fondamental du droit et que c'est à une certaine idée de la grandeur de la France que nous avons affaire. En se réclamant de la philosophie des

Lumières les abolitionnistes revendiquaient des idées de la souveraineté de la raison et des droits de l'homme. À cela fut opposé un droit de vengeance et une forme de loi du Talion. Ces positions reposent sur une forme traditionnelle de justice qui s'oppose à celles qui viennent de la Raison et d'institutions absolument nouvelles. Le fait est que l'abolition de la peine de mort apparaît ainsi comme une rupture sans précédent avec toute politique antérieure. Elle n'est pas inscrite dans la constitution en 1981. Elle le sera toutefois en 2007, ce qui actera un changement radical de politique pour une République qui à l'origine avait pour ambition de résoudre le problème colonial. Cette position laisse ouverte la question de savoir ce que l'on fait des terroristes. Les terroristes, comme on le sait, sont des criminels qui visent à affaiblir la nation en tuant à l'aide d'actions spectaculaires visant à marquer les imaginations. Depuis l'abolition de la peine de mort, la France a connu des actions terroristes perpétrées par des groupes comme Action Directe, par des terroristes iraniens dans les années 80, par des terroristes algériens en 1995, par des terroristes de l'islamisme radical ces dernières années. On peut remarquer la différence de traitement dans les affaires. Les membres d'Action Directe furent arrêtés et condamnés. Il en alla de même pour Georges Ibrahim Abdallah, ce militant communiste libanais qui reste encore à l'heure actuelle emprisonné. Ces terroristes bénéficièrent de ce fait de l'abolition de la peine de mort. On y substitua un enfermement à vie qui évolua différemment selon les cas.

Joëlle Aubron fut libérée en 2004 pour mourir d'un cancer en 2006. Nathalie Ménigon sera libérée selon le régime conditionnel en 2008. Jean-Marc Rouillan est quant à lui libéré à plusieurs reprises et replacé en prison par la suite en raison de ses déclarations dans la presse. Sa dernière condamnation tient aux propos tenus sur l'attentat du Bataclan en novembre 2015. Il y affirme que les jeunes terroristes n'ont pas manqué de « courage ». Cette déclaration lui a valu huit mois de prison en septembre 2016.

Toutefois l'abolition de la peine de mort ne vaut que dans les cas où les terroristes sont dans une logique de maintien de leur propre vie. Elle ne tient plus quand les terroristes en question souhaitent mourir en martyr. C'est ce qui se passa avec le terroriste Mohammed Merah qui concentre la plupart des difficultés de la position française depuis la décolonisation. Franco-algérien, il passe une enfance dans un contexte difficile. Il semble complètement sorti des rails du système éducatif. Trois travailleurs sociaux s'occupent de lui. Il vit sous un climat d'antisémitisme et de déchirement familial. Il ne parvient pas à s'intégrer socialement. Sans réel repère culturel, il est envoyé en prison où il évolue vers un islamisme radical de façon autodidacte selon ses dires. À la suite de plusieurs voyages au Tadjikistan, au Pakistan, il rentre convaincu de sa mission. Il assassinera de sang-froid un militaire à Toulouse, puis deux militaires à Montauban avant de s'attaquer à une école juive. En tout il aura tué sept personnes dont trois enfants juifs. Il sera retrouvé par la police et tué par elle sans pouvoir être arrêté.

Cela pose la question de savoir ce que vaut l'abolition de la peine de mort quand elle n'est pas abolie de fait. Le problème du racisme est ici posé. On se trouve face à un être qui se nourrit de l'idée que la France l'a exclu. Il commet les crimes les plus révoltants et refuse de se rendre pour s'expliquer. Cette attitude témoigne un échec de la loi de 1981 en un sens. Conformément à la pensée de Beccaria, l'abolition de la peine de mort visait une nouvelle configuration de l'aménagement des peines : ne plus viser le spectaculaire qui frappe les imaginations, mais ne dure pas, et préférer la peine qui dure et s'inscrit dans les habitudes. L'aspect dissuasif de la peine de prison est considéré comme aussi efficace que la peine de mort. Le refus de l'ordre républicain apparaît avec le terrorisme islamique en ce sens qu'il refuse l'abolition de cette peine de mort. À l'inverse d'Ibrahim Abdallah qui est toujours enfermé, les terroristes islamistes restent dans une logique sacrificielle. Ils refusent toute discussion avec la république Française. Ils lui font payer le fait de ne pas les avoir intégrés en elle. Cela constitue de ce fait une régression par rapport à la période moderne de la suppression de la peine de mort. Celle-ci ne signifie pas que le pouvoir ne punit plus. Pour le politique punir est l'activité principale. Mais le politique punit différemment maintenant. Son but n'est pas de mettre fin aux crimes et délits par la peur du châtiment irréversible. Il est celui d'une société de contrôle et de normalisation. On ne punit plus. On rééduque. Tel est en tout cas le discours officiel. Mais ce discours montre évidemment ses limites. S'il y a un lieu où la France ne peut pas passer pour « grande », c'est certainement ses prisons. Celles-ci cumulent un grand nombre de problèmes qui permettent à l'islamisme radical de prospérer. C'est en prison que Mohammed Merah a pu se radicaliser. Adepte de jeux vidéo et des modèles superficiels de la société de consommation dont il était exclu de fait, dépourvu par conséquent de tout esprit critique, il était une cible de choix pour un discours idéologisé traditionaliste. Il en devint ainsi une arme aveugle et docile. Un tel diagnostic s'oppose naturellement à la croyance de la philosophie des *Lumières,* en l'autonomie de la raison. Il n'en reste pas moins qu'il est très probable que la rencontre du délinquant, faiblement intégré, et de la prison constitue un mélange détonnant.

Le cas de Mohammed Merah condense un certain nombre de questions, dont celle de savoir si la criminalité dépend de la responsabilité individuelle ou d'une mauvaise organisation sociale. La seconde hypothèse fait naturellement horreur au monde politique qui risque d'être responsabilisé pour une partie très encombrante du crime. La répétition des crimes de ce genre tels ceux de Charlie Hebdo, en janvier 2015, posait le même problème. Les attaques eurent des revendications plus claires dans ce cas. Il s'agissait pour les terroristes de dénoncer ce qu'ils estimaient être une offense contre leur conviction religieuse fondamentale et contre une forme d'irrespect envers la sacralité. La question du lien entre le théologique et le politique se posait à nouveau. Dans la mesure où l'État Français, sous couvert d'une laïcité dont il s'enorgueillit, ne pratique plus la censure nécessaire, il revenait à la société de faire régner la justice. Tel était le point de vue des terroristes. Le parcours des frères Kouachi qui ont commis ces actes, est tout à fait révélateur d'un État français plus ou moins impuissant devant la question de l'intégration. Ces deux personnes issues de l'immigration algérienne furent orphelins de père, puis de mère. Ils obtinrent des diplômes leur permettant de s'intégrer socialement. Toutefois ils firent partie d'un groupe de radicalisés islamistes à Paris aux Buttes-Chaumont en 2000. Leur parcours les amena à voyager au Yémen notamment. Ils furent de ce fait surveillés. Chérif Kouachi passa par la prison en 2005 et 2006. Cette expérience le conduisit à se radicaliser en rencontrant des chefs idéologiques.

La prison est en effet un terreau particulièrement fertile pour la diffusion de la propagande islamique. On sait depuis le livre de Michel Foucault qu'elle avait été pensée dans le cadre d'une surveillance générale des populations. L'expérience du panoptique auquel Michel Foucault était particulièrement attentif, montrait ainsi une ex-carnation du pouvoir qui permettait à celui-ci de tout voir sans être lui-même vu. Cette omnipotence quasiment divine du pouvoir – le pouvoir est celui qui voit tout – conduit à une société de surveillance. Celle-ci avait été rendue possible par le pouvoir policier dès le XIXe siècle. Avec le développement de l'informatique cette forme de surveillance a été considérablement accrue. Mais dans le même temps les formes de résistance à l'encontre de ce genre de surveillance se sont également renforcées. On s'est ainsi aperçu que les frères Kouachi ne passaient pas par leur boîte mail ou leur compte Facebook pour communiquer et organiser leur projet criminel, mais plutôt par les messageries disponibles dans des jeux vidéo en ligne qui étaient moins surveillées. C'est en prison qu'on surveille et qu'on apprend à déjouer les moyens de surveillance.

Il est admis que la prison est une institution qui produit des effets. Elle produit des effets de surveillance. Elle sert à punir et également selon le discours officiel à réinsérer. Ce droit de punir, pensé à partir de Beccaria et de Bentham, c'est-à-dire de l'époque des *Lumières,* est intimement lié à une forme de libéralisme à la fois politique et économique. Le panoptisme de Bentham, comme le remarque Michel Foucault dans les célèbres analyses de *Surveiller et punir*, sépare le couple « voir et être vu. » Le prisonnier surveillé est cet être qui est constamment vu et le surveillant est celui qui ne l'est jamais. Cette ex-carnation du pouvoir reste un moment essentiel de la modernité. La prison est vue comme organisme qui ne dit pas son nom et qui pose des problèmes que la terminologie officielle déplace obligatoirement pour ne pas se sentir elle-même mise en accusation. Parmi ces problèmes, il y a un fait très simple : celui de la liberté individuelle. Le discours libéral occidental s'est construit autour de la notion de société civile qui prend parfois le nom de nation, parfois celui plus simple de société. Il affirme que la société précède l'individu. La notion d'individu est une notion dérivée, une production de la société qui serait bien antérieure en droit et en fait à l'individu. Malgré cette idéologie et interprétation, c'est toujours à la responsabilité individuelle que le prisonnier se voit confronter. En d'autres termes la prison navigue sans cesse entre deux discours. Cela engendre naturellement des résistances.

Par ailleurs, la prison intégra dans un discours de calcul économique la question du crime et de la délinquance en posant grosso modo le problème : étant donné qu'il y a de fait une criminalité et une délinquance pénale, comment faire en sorte qu'elle coûte le moins que possible à l'ensemble de la société ?

La prison est l'instrument censé résoudre ce problème de nature purement économique mais cette structure crée néanmoins des formes de résistances. Elle produit du malfaiteur et de la récidive. Cela est inhérent à son fonctionnement même qui consiste à circonscrire la population non conforme d'un point de vue pénal. On sait de ce fait que lorsque le président Sarkozy dit qu'il veut lutter contre la récidive, il produit soit un discours hypocrite et faux, soit un discours complètement naïf. La prison est une institution qui est faite pour produire de la récidive. Mais elle ne se contente pas de cela. On s'est finalement également aperçu qu'elle produit du terrorisme. Bentham contre Ben Laden donc. *Les Lumières* contre le racisme. On peut néanmoins se demander si c'est bien un « contre » qu'il faut penser ou si c'est un « avec » : les deux phénomènes ne sont-ils pas en fin de compte complètement réversibles ?

Quoi qu'il en soit les prisons posent la question de la grandeur de la France. Elles posent les questions de savoir comment punir de façon adéquate d'une part et quels sont les effets qu'elles produisent d'autre part. Il est de notoriété publique que l'effort économique pour entretenir les prisons et leur permettre de produire un effet contrôlable est insuffisant. Cela tient à des difficultés d'ordre idéologique. Un certain mythe de la prison cinq étoiles dans laquelle il ferait bon vivre est plus ou moins propagé dans la population même s'il est aux antipodes de la réalité. Mais cela tient également aussi au fait qu'il est difficile pour une société en croissance classée parmi les grands, de reconnaître qu'elle produit de manière sournoise de la criminalité et de la délinquance. La prison agissant comme une forme de refoulement de la République, il est nécessaire d'asseoir celle-ci sur le divan, ce qu'elle ne fait pas fréquemment. Les difficultés concernant les prisons françaises sont nombreuses. En premier lieu il y a une incontestable surpopulation carcérale. La période allant de 1975 à 1995 est marquée par une inflation sans précédent de cette population : on passe de 26 032 détenus au 1er janvier 1975 à 52 658 au 1er janvier 1996, soit un doublement de la population sur vingt ans. En janvier 2016, le site du ministère de la Justice donne 76 601 personnes sous écrou et plus de 170 000 personnes suivies en milieu ouvert. Il existe de ce fait une nette augmentation du nombre de prisonniers. Cela tient avant tout à une absence de réflexion publique sur la nature des peines. Il ne semble pas y avoir de punition alternative à la prison en France ; ainsi la France est le seul pays où le nombre de prisonniers est en augmentation. Des problèmes qui persistent ne sont pas réglés. L'insalubrité et les conditions de détention dégradante pour les détenus sont notoires. Au 1er avril 2017, le nombre de détenus dormant sur un matelas posé à même le sol était de 1883. Même si la prison apparaît comme un lieu de redressement et de punition, il est nécessaire de constater que ce genre de gestion produit des effets : une forme de récidive, et probablement une tendance vindicative, vis-à-vis de l'État, de la part de ceux qui ont subi ces traitements. Dans ces conditions il n'est pas véritablement étonnant que les courants de pensées et les idéaux ascétiques aient des facilités à prospérer. Au premier rang desquels on trouve naturellement l'intégrisme islamique.

L'islam est un sujet délicat en France aujourd'hui. Il est loin le temps où on pouvait demander « Comment peut-on être persan ? » avec la naïveté de l'hôte qui accueille un invité qui peut l'instruire. C'était là le discours clair que la France pouvait assumer des *Lumières*. Mais après Gobineau, Drumont et consorts, une telle position semble ingénue. Il est évident que la France contre-révolutionnaire se rappelait qu'on sacrait les rois sous l'Ancien Régime ; qu'il y eut des guerres de religion en France. Une partie importante de la population de la France est liée de par son histoire au catholicisme. Le pays comporte plus de quarante-cinq mille églises et lieux de culte catholiques, ce qui montre l'ancrage historique de la religion catholique en France. Il est évident cependant que le phénomène de sécularisation et la modernisation technique des sociétés, ainsi que le développement de la société de consommation, entraînent une perte de la foi et de la ferveur religieuse. La République se targue d'avoir su imposer une forme de laïcité et d'avoir séparé Eglise et État en dehors des régions d'Alsace-Moselle bénéficiant du Concordat. Cette idée de laïcité présentée comme une des grandes conquêtes de la franc-maçonnerie est assez ancienne. Dans son *Traité théologico-politique* qui date du XVIIe siècle, un philosophe comme Spinoza affirmait la différence de nature et de public entre le discours religieux et le discours de l'État. Mais la laïcité se trouve dans le cadre d'un héritage identitaire. Cette multiplicité des héritages choisis et plus ou moins assumés fait tendre vers une sorte d'affrontement qui est celui de différents thèmes de société. Que la religion soit intimement liée à la société, voire se confonde avec elle, est une idée que l'on trouve plus ou moins chez Émile Durkheim dans son ouvrage *Les Formes élémentaires de la vie religieuse*. Une telle idée pose néanmoins un problème. Elle signifie qu'il y a deux entités concurrentes pour mettre en forme la société. Cela ne pose pas de problème dans le cas d'une alliance entre État et Religion. Quand le roi est sacré, voire qu'il est comme en Grande-Bretagne chef de la religion, et s'il garantit également le droit d'exercer les autres cultes, cela ne pose également pas de problème. Le problème identitaire ne se pose pas de la même façon outre-Manche. Il est en revanche parfaitement passionné en France avec le port de vêtement et l'accoutrement inhabituel de certains musulmans. Ainsi par-delà le problème religieux, il y a également la question de l'héritage que l'on va choisir pour la nation. Cela pose une difficulté certaine. Il est difficile d'expliquer aux Français dits « de souche » qu'ils ont eu des parents qui pratiquaient le ramadan. Il est également impossible de dire à des Français d'origine maghrébine qu'ils ont eu des ancêtres gaulois. La multiplicité des héritages qu'on peut présenter comme une force semble également devoir devenir un conflit des héritages. La difficulté politique est là. C'est sur ces questions bien réelles et les peurs qu'elles engendrent que joue le discours de droite plus ou moins modéré. C'est ici que la question de la prison réapparaît.

Il faut remarquer que la France se donne les moyens de ne pas traiter le problème identitaire. Elle refuse les statistiques ethniques ou par groupes religieux. Cela permet, estime-t-elle, d'éviter les discriminations. Pourtant, cela permet également aux commentateurs de proposer des résultats fantasmés et invérifiables. C'est ainsi que Georges Fenech, député UMP, a pu déclarer que 60 % des détenus français étaient musulmans. On a beau lui avoir rétorqué que ces chiffres étaient invérifiables et qu'ils étaient donc faux, il lui serait très facile de dire que l'on ne peut pas vraiment prouver que les chiffres qu'il avance sont faux. La question n'est d'ailleurs pas vraiment celle de la pratique religieuse. Elle est celle de la revendication identitaire. Or cette revendication se fait régulièrement dans un lien paradoxal avec la religion. Il s'agit souvent de revendiquer une origine ou un héritage plus que de se soumettre réellement à la pratique religieuse. En réalité il n'y a pas de règles normatives. Si la prison produit du terrorisme, elle peut le faire soit au travers de gens en recherche d'identité qui trouve un mentor en prison. Les frères Kouachi ont été d'abord en contact avec un homme, Farid Benyettou qui sera leur inspirateur à l'origine. Mais en prison, ils rencontrent un homme, Djamel Beghal qui exercera sur eux une influence religieuse de première importance. Cet homme, né algérien, et ayant acquis la nationalité française en fut déchu. Ce genre de décision pouvait se produire dans le cas d'un binational né à l'étranger. Il faut toutefois remarquer que cette situation qui consiste pour un État à déchoir un homme de sa nationalité est une situation très ambiguë. Elle pose de façon forte le problème de l'État-nation et sa relation aux droits de l'homme. C'est une chose est pour un État de punir un criminel, c'est une autre chose que de lui retirer ses droits en tant que citoyen. Il s'agit là de produire un acte d'eugénisme citoyen consistant à purifier la nation de ce qui la contaminait. Cet acte qui consiste à dire : « Le terrorisme vient toujours du dehors » qui a été tenté par le Président François Hollande. À la suite des attaques terroristes du 13 novembre 2015, le Président avait proposé d'étendre la déchéance de la nationalité française aux binationaux nés français, sanction déjà prévue par l'article 25 du code civil pour les binationaux naturalisés français. Il n'est pas nécessaire de beaucoup pousser l'argumentation pour trouver dans cette tentative un acte totalitaire. Hannah Arendt dans son étude sur *Les origines du totalitarisme* avait confié le caractère inadmissible de telles mesures quand elles tentaient les Américains à l'époque du maccarthysme. Elle insistait sur le caractère totalitaire et parfaitement honteux de ce genre de tentation.

> « Avant la dernière guerre, seules les dictatures totalitaires ou semi totalitaires avaient recours à l'arme de la dénaturalisation à l'égard des citoyens de naissance ; nous avons désormais atteint le stade où même les démocraties libres, comme les États-Unis, se mettent à envisager sérieusement de priver de leur citoyenneté ceux des Américains de naissance qui sont communistes. L'aspect sinistre de ces mesures tient à ce qu'elles sont envisagées en toute innocence ».

Dans la mesure où c'était dans la solennité d'un Parlement réuni en congrès à Versailles que cela se produisit, on ne peut véritablement douter du caractère sérieux de la demande de François Hollande. Cela montre comment un homme apparemment sans passion et ne prenant pas ses décisions de façon précipitée peut prendre des décisions qui feraient incliner le pays vers une forme de totalitarisme. Cela pose de façon plus générale la question du lien entre le totalitarisme, le racisme et la bureaucratie. Il est évident à qui est un petit peu attentif à la vie politique française que François Hollande concentre tous les aspects du bureaucrate. Enarque, c'est-à-dire issu d'une école qui se comprend et se revendique comme bureaucratique – même si pour des raisons rhétoriques, elle considère que le mot « *administration* » est moins injurieux – il prend le pouvoir en se présentant comme un « Président normal », ce qui à proprement parler ne signifie pas grand-chose. Une telle déclaration ne prenait sa signification que dans le cadre de ce qu'on avait appelé avec Nicolas Sarkozy, son prédécesseur, la figure de l'hyper-président. Cette hyperprésidentialité semblait tenir d'une volonté d'occuper une place de grand homme après les grands hommes. Le fait est que Nicolas Sarkozy était né après la Deuxième Guerre mondiale. On ne peut naturellement pas lui reprocher ce fait. Il semble néanmoins qu'il ait cherché à se donner une figure de grand Homme, c'est-à-dire à se donner une forme de légitimité charismatique, ce qui était difficile en raison des circonstances. De là viennent un certain nombre de maladresses de communication qui ont sans doute ridiculisé l'homme plus qu'elles ne l'ont servi. C'est ainsi qu'il crut devoir faire son jogging devant les caméras de télévision. Il avait également une certaine peine à déléguer, montrant par là une certaine forme de paranoïa. Un certain nombre de signes donnaient l'impression qu'il favorisait les plus riches au détriment du peuple. Sa première soirée au restaurant le Fouquet's dans lequel il s'était rendu avant de faire son discours à la population avait donné une image très critiquable de sa personne. C'est ainsi que François Hollande s'engagea dans une bataille d'images. Mais sa normalité, son caractère de Président se présentant comme débonnaire ne l'ont pas empêché de glisser sur la pente qui est celle du totalitarisme. C'est assez sournoisement qu'il a tenté de déchoir des Français nés français de leur nationalité. Le Conseil d'État a émis de sérieuses réserves quant à la possibilité de cette mesure d'être acceptée. Il fondait son désaccord sur trois points principaux.

La mesure envisagée par le Gouvernement pourrait se heurter à un éventuel principe fondamental reconnu par les lois de la République interdisant de priver les Français de naissance de leur nationalité et qu'elle poserait la question de sa conformité au principe de la garantie des droits proclamé par l'article 16 de la Déclaration des droits de l'homme et du citoyen

La Cour de justice de l'Union européenne pourrait être conduite à se prononcer sur la conformité au droit de l'Union des règles nationales prises en la matière.

La Cour européenne des droits de l'homme pourrait être amenée à contrôler les mesures individuelles d'application au regard de la Convention européenne de sauvegarde des droits de l'homme et des libertés fondamentales ; elle pourrait juger par ailleurs que, dans certains cas, la déchéance de la nationalité française ou l'expulsion de la personne ainsi sanctionnée porte une atteinte excessive à sa vie privée ou familiale ou qu'elle expose cette personne à subir des traitements inhumains ou dégradants dans l'État dont elle aurait conservé la nationalité.

Rappelons que l'article 16 des droits de l'homme dispose que :

> « Toute Société dans laquelle la garantie des Droits n'est pas assurée, ni la séparation des Pouvoirs déterminée, n'a point de Constitution ».

Autrement dit un État doit garantir le droit de ses citoyens, ce que le président Hollande essayait, dans la douceur, d'abolir.

Mais d'une manière générale, la question du terrorisme met en jeu la teneur même de l'État-nation. Le terrorisme de type islamiste est un terrorisme assez particulier puisqu'il veut imposer une forme de vie relevant de la religion. Il se distingue d'autres formes de terrorisme en ce sens qu'il souhaite établir une autorité qui relève du théologico-politique. Il n'a de ce fait rien à voir avec les francs-tireurs de la guerre franco-allemande de 1870. Il n'est pas non plus un résistant au sens de la résistance contre les nazis. Il ne relève pas non plus du terrorisme d'extrême gauche. En réalité le statut juridique d'un partisan terroriste a toujours fait débat. Pour l'État, il s'agit d'une question de sûreté. Mais il s'agit surtout d'un problème politique. Le terroriste veut faire de la politique tout en la continuant par d'autre moyen. Il veut donc faire de la politique par la guerre tant qu'il n'a pas atteint son objectif. L'installation d'un climat de terreur est le propre du régime totalitaire. La terreur implique à la fois pour le citoyen d'avoir sa vie menacée à tout moment. La stratégie d'un groupe comme l'État islamique est de faire croire qu'il peut frapper à tout moment. Il peut ainsi tuer deux policiers chez eux. Ainsi le 13 juin 2016, un couple a été tué chez lui par un homme se revendiquant de Daech. Il peut également frapper les endroits festifs comme ce fut le cas au Bataclan ou à la parade du 14 Juillet sur la promenade des Anglais à Nice. Son but est évidemment d'installer un climat de peur dans le pays qu'il prend pour cible. Mais cette peur ne vise jamais que la terreur. On sait que les terroristes islamistes veulent une interprétation terrorisante de la charia. Il est probable que la charia ne soit d'ailleurs qu'un prétexte à l'établissement d'un régime plus général de terreur. Dans les villes prises par l'État islamique, il y a des crucifixions. Les homosexuels sont défenestrés. Cela obéit à une manière ostentatoire de pratiquer la « justice », celle-là même qui était pratiquée en France lors de la mort de Damiens, celui qui avait commis le crime de lèse-majesté. Cette transformation de la pénalité va dans le sens d'une perte de la visibilité de la peine. Elle est ce qui est au contraire valorisé à l'excès par l'État islamique.

La question posée par les entités terroristes est une question de justice. Contrairement au prisonnier de droit commun qui commet des actes qu'il sait contraires à la loi, le terroriste souhaite un changement de lois. Il fait concurrence à l'État. Dans son optique il commet des crimes. Mais ce sont des crimes politiques. De ce point de vue le statut du terroriste est un statut ambigu. Le terroriste combat en partisan, c'est-à-dire en irrégulier. Sa lutte est une lutte pour la reconnaissance. Il ne souhaite pas la reconnaissance de son innocence. Il souhaite la reconnaissance de son action comme une action politique, c'est-à-dire comme une action qui va instituer une forme de justice. Le statut des partisans a toujours posé problème. Il est sans doute impossible pour la population française de reconnaître Abaoud comme un homme travaillant à l'institution de la justice. Il est cependant remarquable que ce soit l'effet recherché. Dans une scène complètement incompréhensible, les terroristes du Bataclan ont essayé de justifier leurs actes en déclarant :

> « Vous allez voir ce que ça fait les bombardements en Irak, on fait ce que vous faites en Syrie, écoutez les

gens crier, c'est ce que les gens vivent en Syrie sous les bombes, vous tuez nos femmes, nos frères et nos enfants, on fait pareil, on est là pour vous, nous on n'est pas en Syrie mais on agit ici. Vous nous faites ça, on vous fait ça ».

On semble ici avoir une certaine application de la loi du talion. Les terroristes ne peuvent évidemment aucunement espérer être reconnus à titre de militaire dans la mesure où ils s'en prennent à des populations civiles. Ils cherchent cependant une caution de justice. Le côté absolument absurde de la situation ne leur apparaît pas puisqu'ils peuvent justifier rationnellement à leurs yeux les actes qu'ils sont en train de commettre. Leur sort est de ce fait celui des partisans qui ont eu dans l'histoire un statut assez compliqué à déterminer d'un point de vue juridique. Comme le remarque Carl Schmitt, le partisan possédait un statut compliqué et ambigu. La difficulté est que le partisan en question est partisan dans le cadre d'un pays occupé. Ce n'est pas exactement la situation de ce qui se passe avec le terrorisme islamique. Dans le cas du partisan qui s'en prend à une puissance occupante, Schmitt faisait remarquer :

> « Dans cette situation, l'activité du partisan ne serait ni véritablement légale, ni illégale à proprement parler, celui-ci opérerait simplement à ses propres risques et périls, et, en ce sens, son entreprise serait périlleuse, risquée ».

Il est évident que les terroristes du Bataclan ne se plaçaient pas dans une telle optique. Ils se plaçaient dans une logique sacrificielle et s'inscrivaient dans la logique du pire. En réalité, c'est la lutte pour la cause à laquelle ils peuvent se sacrifier qui peut faire d'eux des victorieux dans le rapport de forces. Pourtant la France reste, en fait, peu affectée par le terrorisme.

Il y a un décalage important entre le traitement médiatique des affaires qui sont certes spectaculaires, mais qui n'ont pas d'effets structurels importants. Si les terroristes de l'État Islamique prétendent être partout, c'est qu'en réalité ils sont peu nombreux sur le territoire français. Il ne fait pas de doute que l'assimilation du musulman au terroriste ne tient pas véritablement. Si le terroriste décide de choisir l'islam rigoriste et purement fantasmé pour héritage culturel, c'est parce qu'il est animé par un ressentiment lié à une société qui ne correspond pas à ses attentes et souvent le rejette. Sa démarche nihiliste est évidemment négative. Mais la question du nihilisme n'est pas une question neutre du point de vue politique. Il semble qu'elle accompagne toujours la forme politique de l'impérialisme. C'est sous le régime de l'impérialisme que le nihilisme est apparu et qu'il est apparu comme « grand jeu » et comme crise. Ce rapport au jeu reste prégnant dans la question du nihilisme. Le philosophe Eugen Fink avait bien montré que la philosophie de Nietzsche était une philosophie du jeu et que c'est dans le cadre du jeu que le nihilisme se déploie. D'une façon plus générale, c'est tout le rapport à la spéculation qui est posé par ces formes nouvelles de conquêtes politiques du monde. La question de la spéculation se pose différemment maintenant. Avant l'ère impérialiste elle se posait en terme intellectuel. Le spéculateur était le philosophe. Avec l'impérialisme, le spéculateur, c'était le financier. Il n'est sans doute pas nécessaire d'être un penseur politique de l'envergure de Hannah Arendt pour signaler ce que cette mutation a d'irrationnel et d'appauvrissant pour la vie humaine.

La lutte entre l'État islamique et la France est une lutte entre un État qui a démantelé son Empire et qui vit de l'avoir démantelé et une organisation qui se fantasme comme État et qui rêve de créer une puissance à partir d'un califat rêvé. La logique impérialiste est au cœur de l'État islamique. Cette entité ravive la question que la France souhaiterait réglée. Or, le problème est délicat. Les déclarations du président Macron, alors candidat à la présidence, à la presse algérienne, montrent, d'une part, une certaine irréflexion sur la question et, d'autre part, un grand malaise. Qu'un candidat déclare que la France a commis des crimes contre l'humanité en Algérie, est une déclaration inédite. Qu'il déclare dans le même temps qu'il ne faut pas se sentir coupable parce que la culpabilité entraîne la paralysie, montre une certaine immaturité et un laxisme certain. Que ce candidat soit ensuite élu montre que les Français n'attachent pas une grande importance à cette question. Il est vrai que, le temps passant, les problèmes impériaux d'une France qui a voulu éliminer son Empire avec la Cinquième République semblent bien lointains. Pourtant un certain nombre de faits rappellent l'actualité du problème : un Front national puissant en terme électoral, et qui est là pour critiquer des politiques d'immigration mais dans un cadre de référence à l'Empire passé. Le passé n'est pas encore oublié. Il marque les corps. Les souffrances et les marques d'une guerre qui fut une guerre de décolonisation mais aussi, du fait du statut de l'Algérie, une guerre civile, ne disparaissent pas simplement parce que quelques bureaucrates parisiens ont décidé que tout cela appartenait au passé.

La logique impérialiste est l'une des règles politiques de ces deux derniers siècles. Elle régit le comportement d'un certain nombre d'États. Les puissances maritimes comme la Grande Bretagne ou les États-Unis obéissent à une logique de type commercial. Les colonies sont des marchés. La domination et la puissance s'affirment essentiellement par la voie maritime. La difficulté tient néanmoins plus dans les restes moribonds de l'ancien Empire ottoman. Le prétendu printemps arabe des années 2012/2013 a donné le spectacle d'un ancien monde qui s'effondrait pour laisser la place au chaos. C'est dans ce chaos que l'État islamique a pu apparaître sur un registre qui ressemble à celui des seigneurs de la guerre qui semèrent la terreur en Chine pendant la première moitié du XXe siècle. L'impérialisme est destructeur et sème la terreur partout où on le rencontre. Le siècle précédent en avait donné la leçon.

Racisme et montée du FN

On sait qu'un parti politique incarne dans l'imaginaire des citoyens le racisme : c'est le Front national. Celui-ci obéit néanmoins à une rigueur idéologique forte et il peut sans trop varier sur ses positions expliquer qu'il joue la carte de la grandeur de la France en tant qu'entité qui ne se soucie pas de ses voisins. Il se présente comme le défenseur de l'État-nation. Le droit du sang prime pour lui le droit du sol quand on pose la question de la nationalité. Ce parti pose également constamment la question de l'immigration et, au travers de cette question, le problème identitaire. La question identitaire se pose facilement en ces termes : « Qui sommes-nous en tant que peuple ? ». La réponse est liée à un droit du sang. Elle implique le partage d'une histoire commune. Cette manière de présenter les choses est une manière d'exclure. Il est difficile à un noir ou à un beur de dire qu'il a eu des ancêtres gaulois. Les principales références du Front national sont des références de combat. On parle de Charles Martel qui arrêta les Arabes à Poitiers en 732 ou de Jeanne d'Arc qui permit à la France de vaincre la perfide Albion. Ce faisant, on se place dans une continuité historique extrêmement étrange parce que le problème identitaire en France ne se pose pas de la même manière aujourd'hui qu'en 732. La France n'était pas la même. Le territoire n'avait pas la même forme. La langue n'était pas davantage la même. Cependant toute la rhétorique du Front national implique de penser une continuité nécessaire à son récit. La référence à l'histoire et aux faits incontestables oublie qu'une histoire n'est pas une somme de faits, c'est une forme. Et la forme, selon les adeptes de la psychologie de la forme, est une totalité qui est plus que la somme de ses parties. Autrement dit, la concentration sur un certain nombre de faits qu'on ajoute ne permet jamais que de dépasser une image mensongère de la réalité qu'on prétend décrire ainsi. Certes les adversaires du Front national choisissent également des faits qu'ils ajoutent pour produire une autre histoire tout aussi questionnable. Entre le discours frontiste et celui de ses adversaires, le problème est toujours celui de la forme de la France.

Le problème le plus général est celui du rapport à la guerre. Pour le Front national, la guerre est un rapport originaire. Il s'agit toujours de se battre contre un envahisseur qui veut prendre la patrie aimée. Pour le Parti républicain, la guerre est au contraire un mal qu'il ne faut pas chercher. C'est une forme d'extrémité qu'il s'agit toujours de faire disparaître. Le rapport à la mort est complètement inversé. C'est ce qu'on voit avec les discours sur l'interruption volontaire de grossesse d'un côté, et l'abolition de la peine de mort de l'autre. D'ordinaire ceux qui s'en prennent à l'IVG le font au nom d'un droit à la vie, mais dans le même temps ils sont favorables à la peine de mort. Cela n'est pas nécessairement contradictoire si on considère le rapport au caractère sacrificiel dans la vie humaine tel qu'il est ainsi perçu. Ce qui est ainsi toujours valorisé, c'est une forme de sauvagerie dans la vie. Ce qui prime, c'est toujours un caractère irrationnel : celui de la mise au monde et celui de la mort.

Ce lien du racisme et de la guerre originaire et qui ne s'interrompt jamais, c'est évidemment tout ce que déteste la République française. Cette haine est certainement compréhensible. Mais on peut se demander si elle est efficace. On sait qu'en 2002 lorsque Jacques Chirac se retrouva au second tour de l'élection présidentielle, il refusa le débat. Il déclara :

> « Pas plus que je n'ai accepté dans le passé d'alliance avec le Front national, et ceci quel qu'en soit le prix politique, je n'accepterai demain de débat avec son représentant ».

D'une certaine manière la Cinquième République refusait là de s'allonger sur le divan pour côtoyer son refoulé. Elle invoqua comme il se devait des principes qui tenaient à une forme de moralité. Jacques Chirac invoqua évidemment les valeurs de la République.

> «Tous, nous sommes réunis (…) par le refus de l'extrémisme, du racisme, de l'antisémitisme et de la xénophobie ».

On voit donc comment ces valeurs servaient de rempart aux yeux de Chirac : la conscience républicaine contre l'inconscient raciste. Il s'agissait véritablement d'un combat interne à la Cinquième République. Il fallait faire en sorte que le racisme ne prenne pas le pouvoir. Il va de soi qu'il y avait également une forme d'hypocrisie électoraliste derrière cette attitude. Jacques Chirac avait gagné le combat pour la présidentielle à partir du moment où Lionel Jospin était éliminé. Ce dernier avait d'ailleurs été éliminé par sa propre faute. Il avait sans doute péché par excès d'optimisme, acceptant les petites candidatures et par la même occasion la fragmentation de son électorat. La présence de Jean-Marie Le Pen au second tour de l'élection présidentielle s'expliquait sans doute plus par les erreurs tactiques de Lionel Jospin que par un changement radical de la structure de la société française. Pour qu'il y ait changement de structure, il aurait fallu que la présence du Front national ne soit pas une surprise, mais qu'elle soit attendue et annoncée de longue date. C'est, comme on le sait, ce qui se produisit en 2017. La présence de Marine Le Pen ne choqua alors personne.

En 2002, les résultats de l'élection furent considérés comme un coup de tonnerre. Le refus de Jacques Chirac de débattre pendant l'entre-deux-tours s'explique aussi par une volonté de ne pas donner la parole à cet inconscient et à ce refoulé inadmissible. Le Président sortant en fit une question existentielle et personnelle :

> « Ce combat est le combat de toute ma vie. C'est un combat au nom de la morale et d'une certaine idée de la France ».

Cette « certaine idée de la France », c'est évidemment tout ce qui touche à sa grandeur. Il ne fait pas de doute que le Front national propose également une certaine idée de la France. Jean-Marie Le Pen pouvait facilement invoquer une entorse à la démocratie faite par Jacques Chirac. Il déclara de ce fait :

> « Ce n'est pas la qualification de Jean-Marie Le Pen qui est un scandale, c'est le fait que le président de la République sortant refuse de débattre avec l'adversaire que le peuple lui a choisi ».

La position de Jean-Marie Le Pen tenait dans une ambigüité de la notion de démocratie. La démocratie pouvait être vue comme une forme de souveraineté donnée au peuple. Cependant, si elle n'était pas encadrée par des critères rationnels, c'est-à-dire par une argumentation qui laissait la part moins belle aux passions et plus à la réflexion, il y avait des risques que les choses ne dégénèrent. Un pays dont l'état économique s'effondre peut-être facilement tenté de céder à l'extrémisme le plus barbare. Il ne faut pas oublier que quelqu'un comme Adolf Hitler avait pris le pouvoir en satisfaisant aux règles du jeu électoral. On se rappelle que d'un point de vue théorique, la démocratie avait été soumise à une forte critique. On se rappelle, par exemple, que dans *La République* de Platon, elle est décrite comme une forme d'État décadent, une forme dégénérée pire que l'oligarchie dont elle dérive et meilleure que la tyrannie qu'elle prépare cependant. Aristote qui analysait la démocratie voyait également une dérive possible vers la tyrannie. Le problème, en fait, le plus général est celui de la démagogie. C'est la question de la constitution d'un cadre républicain pour l'argumentation. Ceux qui ont tenu les rênes du pouvoir ont toujours considéré que le Front national sortait du cadre. Cela tenait en partie aux déclarations tapageuses du chef du parti sur les chambres à gaz. Cela tenait également à un certain nombre de manifestations aux marges desquelles des événements criminels ont eu lieu. Ainsi, le Ier mai 1995, un Marocain est jeté dans la Seine par des skinheads au cours d'une manifestation du Front national. Bernard Kouchner fustigea le Front national comme parti de la haine et affirma que cette haine pouvait engendrer la mort. Le fait est que des éléments marginaux extrêmement violents du parti existent et qu'ils provoquent une grande méfiance. Le refus du débat télévisuel de 2002 fut donc salué par un certain nombre d'hommes politiques. Roselyne Bachelot, porte-parole du candidat Chirac a expliqué que ce refus allait de soi « Pour l'honneur et la dignité de la France ». C'était donc une certaine idée de la grandeur de la France qui était ici avancée. Cependant cette grandeur n'était pas nécessairement aussi rationnelle qu'il n'y paraissait. C'était bien plutôt la question d'un idéal de la France qu'il s'agissait. Il fallait bien traiter avec son surmoi.

Il n'est sans doute pas inintéressant de traiter la Cinquième République avec un certain nombre de concepts psychanalytiques. Il est vrai que la psychanalyse traite l'individu, alors que la politique est collective. Passer d'un domaine à l'autre peut de ce fait sembler arbitraire. Cela est une objection certaine. Il nous semble cependant que l'apport de concepts de la psychanalyse freudienne peut être enrichissant pour une réflexion sur la grandeur. Il nous semble ainsi que deux concepts peuvent éclairer la notion de grandeur : d'un côté la notion de « sublimation », de l'autre la notion de « surmoi ». Idéalisation et sublimation ne sont pas des notions équivalentes. Paul Ricœur en note la distinction : elles s'appliquent à notre sens de façon particulièrement efficace aux différentes options présentées par la politique française de la Cinquième République :

> « L'idéalisation n'est pas la sublimation, laquelle change le but de la pulsion, donc la pulsion elle-même dans son orientation, alors que l'idéalisation n'en change que l'objet sans que la pulsion soit affectée dans son orientation foncière ; c'est pourquoi l'idéalisation "augmente... les exigences du moi" donc le niveau de refoulement, alors que la sublimation est un autre destin que le refoulement, une vraie conversion intime de la pulsion ».

On voit là la nature des deux possibilités qui s'incarnent dans le narcissisme français. La France ne peut se donner une identité qu'au travers d'une certaine grandeur. Cette grandeur est l'expression de son narcissisme. Elle doit dire qui elle est soit au travers de son surmoi, c'est-à-dire d'une idéalisation du moi qui se donne toutes les perfections, soit par un processus de sublimation, c'est-à-dire par un processus qui change la nature de sa pulsion.

Le problème général de l'identité française est celui d'une identification. Il est intéressant de voir que d'un point de vue de la psychanalyse le concept d'« identification » est intimement lié à une perte de l'objet. Or la Cinquième République se construit également à partir de la question de la perte de l'Empire. Le problème est alors de savoir comment gérer cette perte.

Le problème est celui du refoulé. Le refoulé n'a pas d'histoire. Seul le refoulant en a une. Le refoulé ne cesse cependant de revenir : c'est celui de la perte de l'Empire perdu. La démarche de ce point de vue est régressive. Cette France de l'Empire est celle que l'on veut réactiver. Le travail de deuil n'a pas été fait pour une partie de la population française.

C'est sans doute sur ce fond que deux pôles essentiels de la culture politique française partisane sont apparus. Le pôle qu'on peut qualifier de républicain qui a pendant une certaine période contenu une grande partie du pouvoir. Le parti prenant le pouvoir et celui qui lui était opposé étaient des partis de droite ou de gauche républicaine. Il y avait certes une différence entre les deux façons de présenter les choses qui tenaient, comme l'avait remarqué le philosophe Gilles

Deleuze, en une différence de perception. L'homme de droite serait l'homme qui percevrait les choses en allant du proche vers le lointain. L'homme de gauche irait à l'inverse du lointain vers le proche. Cette vision des choses pouvait être rapportée au philosophe des Lumières écossaises David Hume. En homme qui se revendiquait de gauche, Deleuze disait que le problème de Hume, c'était de renverser les deux points de vue : passer d'une vision où l'on commence par le proche à une vision ou l'on commence par percevoir le lointain. La lutte est celle entre la générosité et l'égoïsme. La droite serait plutôt la tenante d'un égoïsme et la gauche la tenante d'une générosité. En terme freudien, ce serait là l'alternative du principe de réalité et du principe de plaisir. Mais d'une façon plus ancienne, ce sont deux possibilités datant de l'époque des Lumières écossaises. Il est remarquable qu'en une demi-page Gilles Deleuze puisse résumer l'une des oppositions majeures de la politique française en commentant David Hume :

> « Le fond de la passion n'est pas l'égoïsme, mais pire encore, la *partialité* : nous nous passionnons d'abord pour nos parents, nos proches et nos semblables (causalité, contiguïté, ressemblance restreinte). Et c'est plus grave que si nous étions régis par l'égoïsme. Des égoïsmes demanderaient seulement à être limités pour que la société soit possible : c'est en ce sens que, du XVIe au XVIIIe siècle, les célèbres théories du contrat ont posé le problème social comme devant être une limitation des droits naturels, ou même d'une renonciation à ces droits qui devraient

être une société contractuelle. Mais lorsque Hume dit que l'homme n'est pas naturellement égoïste, qu'il est naturellement partial, il ne faut pas y voir une simple nuance dans les mots, il faut y voir un changement radical dans le problème social. Le problème n'est plus : comment limiter les égoïsmes et les droits naturels correspondants, mais comment dépasser les partialités, comment passer d'une "sympathie limitée" à une "générosité étendue", comment étendre les passions, leur donner une extension qu'elles n'ont pas elles-mêmes ? La société n'est plus du tout pensée comme un système de limitations légales et contractuelles, mais comme une invention institutionnelle : comment inventer des artifices, comment créer des institutions qui forcent les passions à dépasser leur partialité, et forment autant de sentiments moraux, juridiques, politiques (par exemple le sentiment de justice) etc. ? D'où l'opposition que Hume établit entre le contrat et la convention ou l'artifice ».

La politique française depuis le début de la Cinquième République a consisté à inventer ces artifices : sécurité sociale, droit du travail. L'artifice n'est naturellement pas à voir de manière négative. Il est à voir comme essentiellement créatif. Il s'agit de créer les institutions qui permettent aux passions de tendre vers plus de générosité. De ce point de vue droite et gauche essaient d'être également créatives. Lorsque Valéry Giscard d'Estaing en 1974 assène son « Vous n'avez pas le monopole du cœur » à François Mitterrand, il lui signale que son parti plus à droite se bat également pour une extension de la générosité, même si la méthode de perception n'est pas la même. Le débat se fait en définitive dans le cadre des lumières anglaises. De ce débat, le Front national semble exclu.

Pourtant on sait qu'il s'est réapproprié ce débat en trouvant dans une lecture fallacieuse du philosophe anglais un principe qui allait dans un sens favorable à la théorie du Front national. Ainsi en 2014, le Président d'honneur du parti déclarait :

> « Je préfère mon frère à mon cousin, mon cousin à mon voisin et mon voisin à un étranger ».

Ce genre de déclaration est évidemment anodin si on considère qu'il entérine une position habituelle du parti d'extrême droite. Jean-Marie Le Pen ne cite pas ses sources et d'une certaine façon, il ne produit là qu'une banalité et rien de bien révolutionnaire dans sa doctrine. Mais la déclaration reste codée. Dans le *Traité de la nature humaine III*, Hume déclarait ainsi :

> « Un homme aime naturellement mieux ses enfants que ses neveux, ses neveux mieux que ses cousins, ses cousins mieux que des étrangers, toutes choses égales par ailleurs ».

La déclaration de Jean-Marie Le Pen est moins anodine qu'il n'y paraît. En énonçant un principe qui en fin de compte est celui de son parti, il paraphrase également une déclaration de David Hume qu'il abstrait de son contexte. Ce faisant, il s'inscrit dans un débat dont on avait voulu l'exclure. Si le débat gauche/droite était le débat entre la « générosité étendue » (plutôt la gauche) et la « sympathie limitée » (plutôt la droite), avec toute sorte de variantes entre les deux termes, Jean-Marie Le Pen faisait remarquer que lui aussi jouait à ce jeu-là. Sa position est probablement celle d'une sympathie extrêmement limitée. Mais il peut affirmer qu'il utilise les mêmes termes du débat que les autres. Ceux-ci font d'ailleurs partie de l'UMPS dans la rhétorique frontiste. Ce faisant il se pose en véritable adversaire du pouvoir en place. Il clame être la véritable opposition.

Malgré tous les artifices, on peut remarquer que cette position possède une certaine cohérence, même si cette cohérence n'a aucune chance d'être reconnue par les adversaires politiques du parti. Elle consiste à dire que la ligne de partage ne se situe pas entre deux points divergents sur la création d'artifices économiques. Elle consiste à dire que la ligne de partage est entre une entité française plus ou moins liée à une puissance impériale perdue qui, en plus d'avoir perdu son Empire, a été livrée à une mondialisation à laquelle elle ne peut faire face. Le monde de la mondialisation est pour elle un monde abstrait où un homme en vaut un autre pourvu qu'il produise des richesses à moindres frais. Pour lui, l'immigration est une pratique normale puisqu'un homme en vaut un autre. Il n'importe donc pas de sauvegarder les populations locales, mais d'ouvrir le monde à une concurrence même déloyale.

Ce discours de clôture est un discours qui a pu fonctionner. L'évolution du vote frontiste est spectaculaire. Le fait de refuser les termes du débat gauche-droite conduisait à imposer une autre forme de dialogue. On ne peut pas dire que cette stratégie ait réussi. Il semble assez difficile pour le Front national d'emporter les élections présidentielles. Si le parti a été en mesure de jouer le combat final, cela a toujours été dans un cadre où la défaite sévère était annoncée. En 2002, Jean-Marie Le Pen totalisa 17,79 % des suffrages exprimés au second tour. Son adversaire Jacques Chirac en totalisa 82,21 %, ce qui en fit le Président le plus largement élu de l'histoire de France.

Une telle défaite aurait naturellement pu mettre fin à un parti incapable de rassembler pour accéder au pouvoir. De fait le parti ne fut pas détruit malgré la volonté du Président élu en 2007, Nicolas Sarkozy de parler à son électorat. A la suite de la déconvenue de 2002, il fit certes un score très moyen à l'élection suivante en rassemblant un peu plus de 10 % des voix. Mais il reprit des forces en 2012 pour une raison simple : la base électorale frontiste était devenue plus solide et elle s'était aperçue que les propositions de Nicolas Sarkozy étaient en partie des leurres. Elle choisit donc l'original et non la copie en 2012 où le Front national se rétablit à 17,90 % des suffrages exprimés, ce qui le plaçait en troisième position. De 2012 à 2017, le parti s'est renforcé et il semblait accepter, depuis 2013, qu'il se retrouverait au second tour de l'élection présidentielle en 2017. C'est ce qui s'est effectivement produit.

Il serait sans doute faux de dire que les électeurs frontistes sont tous racistes. Le parti dirigé par Marine Le Pen a considérablement adouci son discours sur ce thème. Les différentes déclarations de Jean-Marie Le Pen qui étaient sujet à équivoque ont été désapprouvées par le parti. Le 20 août 2015 il en fut exclu. Ses propos polémiques sur les chambres à gaz comme détail de l'histoire et les références au maréchal Pétain entraient en complète contradiction avec la stratégie de dédiabolisation entreprise par sa fille Marine. La difficulté est alors de savoir à quoi correspondait ce revirement. Le parti changeait-il de nature ? Il est certain qu'il a policé son discours pour obtenir une base électorale plus large. De même il pouvait compter sur une base de mécontentement importante dans le pays. La politique menée par le président socialiste François Hollande semblait également ne pas porter de fruits rapides sur le plan économique. La France qui avait vu son économie affectée durement par la crise financière de 2008 était touchée par un chômage important que la politique économique socialiste ne semblait pas être en mesure de réduire. La loi sur le mariage pour tous entraîna également une résistance de la part d'une droite qui tendait vers l'extrême droite, même si la position du parti à ce sujet ne fut pas très claire. Depuis 2015 le contexte lié aux attentats entraîna une recrudescence du discours sécuritaire accru par le fait que les terroristes appartenaient à des pays arabes et qui prônaient un islamisme radical. Marine

Le Pen peut ainsi jouer, sans y insister, sur le sentiment par les Français dit de souche de dépossession de leur culture. Elle s'est approprié le thème de la laïcité pour lutter contre l'islam. Il était en effet facile d'attaquer sur ce point dans la mesure où la loi de séparation de l'Eglise et de l'État s'adressait essentiellement à la religion catholique et que rien n'avait été pensé de spécifique en ce qui concerne la religion musulmane.

Ces différents points permettaient en tout état de cause de donner une forme de crédibilité au parti. Il ne fait néanmoins pas de doute que le vote Front national reste un vote de contestation. Ce parti représente d'une certaine façon ceux qui se considèrent comme les oubliés de la République. Dans le même temps, le parti revendique un certain vote d'adhésion et de conviction. Cela peut paraître étrange dans la mesure où on voit mal comment un parti associé dans l'imaginaire populaire à un parti raciste peut revendiquer des masses d'électeurs. Mais ici également Marine Le Pen a pu imposer un virage théorique et idéologique qui permet de relancer le débat. Elle déplace le débat sur l'immigration en posant la question de la mondialisation. Ce dont la France souffrirait, ce serait des dommages collatéraux de la mondialisation. La mondialisation est ainsi critiquée. Il ne s'agit pas pour elle de s'intégrer mieux dans cette mondialisation, mais d'y mettre fin en rétablissant des frontières : à la fois pour les personnes, mais également pour le commerce. Il s'agit de rétablir un État-nation qui s'est effiloché en raison de l'Europe et des règles internationales du commerce.

C'est maintenant dans ce cadre-là que le discours anti immigration prend place. Il n'est plus situé ouvertement dans un cadre raciste. Il prend la place d'une défense de la France dans la mondialisation inacceptable. Toute la question est celle de savoir si ce thème de l'antimondialisation est véritablement facteur de dédiabolisation ou bien s'il n'est qu'une métamorphose naturelle du discours raciste. Car le problème de l'inconscient raciste en France ne se révèle pas directement. Il est assez simple de voir que la politique du Front national conduit à un repli sur soi.

Ce repli sur soi conduit nécessairement à une forme d'autarcie intenable d'un point de vue théorique. Le programme économique du Front national reste flou. Cela est naturel étant donné la base idéologique sur laquelle il repose. La contradiction est complète entre l'aspiration à l'autarcie de l'Empire et l'ouverture sans limites de la mondialisation. Par ailleurs, l'économie française dépendant pour une large part de ressources importées de l'extérieur sous forme de matières premières mais également de produits manufacturés ne peut concevoir d'appliquer un programme sérieux d'autarcie. Il y a une sorte de contradiction entre les structures actuelles et le programme proposé par ce parti. La fin de l'Empire français qui était la raison d'être de la Cinquième République s'accompagnait d'une fin de l'autonomie. Le rêve d'autarcie du Front national s'inscrit dans le modèle de l'Empire perdu qui rêvait d'autosuffisance, Actuellement cette ambition ne peut être réalisée. Il reste que l'Empire et son mode de fonctionnement par le racisme et la bureaucratie constituent une forme d'inconscient de la Cinquième République.

Cet inconscient se retrouve en réalité à tous les niveaux y compris ceux traités par les gouvernements dits « républicains ». On peut le trouver avec les politiques des villes où les populations immigrées se concentrent dans les quartiers défavorisés, en des lieux désertés par les populations autochtones. Ce thème de l'autochtonie présent dans le mythe d'Œdipe habite également tout le problème républicain français qui adapte son vocabulaire et sa rhétorique pour masquer les problèmes et les traiter de façon purement administrative. Ce thème de l'inconscient français qui refoule le racisme est fréquemment relevé par les intellectuels. On peut citer ici le poète, essayiste, romancier Édouard Glissant qui donnait une interview au journal Le Monde en 2005 où il affirmait :

> « C'est la même chose à chaque rentrée littéraire. En France, on pratique une espèce de refus fondamental à s'enrichir de la diversité. La littérature française a oublié le mouvement du monde. Elle ne traite plus que des para-problèmes de psychologie, elle est retournée sur elle-même, elle ne nous apprend presque rien de ce qui se passe dans cette société métissée, elle est frileuse de tout, surtout du plaisir et des autres, elle est monotone

et monocorde. La littérature française a un gros problème avec le baroque que n'a pas la littérature latino-américaine ou caraïbe. Les Français se sont beaucoup renfermés sur eux-mêmes après la guerre, rejetant les étrangers et la vie qui les bousculaient, appelant à l'"intégration" et l'"assimilation" des immigrés, c'est-à-dire à l'arasement de leurs cultures.

Aux États-Unis, ils n'ont pas peur de leurs étrangers, ni de ce qu'ils apportent à leur pays. Prenez des Algériens français comme les Harkis, on a essayé de les cacher, de les isoler. La France les a rejetés. La population ne les a pas accueillis, on a vu très peu d'interactions entre la population Harka et française. Pourtant, en même temps, la relation se passait dans l'inconscient, les Français savaient qu'il se passait quelque chose de très grave entre eux et les Algériens. L'inconscient de la guerre d'Algérie, le déni, la culpabilité, ont toujours été très puissants, mais très peu d'écrivains en ont parlé. La richesse de la société française, de son histoire, n'a pas la littérature qu'elle mérite. Mais ce sera éphémère, tout cela va changer bientôt... »

Édouard Glissant est une figure importante de la littérature française. Il ne manqua que de peu le prix Nobel de littérature. Son œuvre importe dans la mesure où il traite de la langue française à partir d'un point autre. Cette idée d'une langue qui se constitue à partir de sa capacité de différenciation n'est évidemment pas neuve. On la trouve chez Guillaume de Humboldt, chez Ferdinand de Saussure ou bien chez le philosophe Maurice Merleau-Ponty. Mais ce genre d'idée bien connue qui dit qu'il n'y a de signification que dans la différence était d'ordinaire défendu par des humanistes (Humboldt) ou par des philosophes pour qui l'humanisme fait question, ce qui ne veut pas dire est rejeté (Maurice Merleau-Ponty). Maurice Merleau-Ponty est normalien, agrégé de philosophie, professeur au Collège de France ; Guillaume de Humboldt possède un statut plus élevé encore dans la culture allemande qui après l'épisode du nazisme pouvait l'ériger en héros d'une pensée humaniste avec laquelle bien des penseurs allemands ne cadraient pas. Mais cette idée très instable d'une culture qui se construit au travers d'une différence interne, ne comporte pas son aspect subversif, et est souvent ignorée. Car à y regarder de plus près, Édouard Glissant n'invente rien par rapport à Maurice Merleau-Ponty quand il parle de créolité. Il y ajoute simplement le fait qu'il n'est pas issu de l'idéal républicain, mais qu'il appartient à ce vestige de l'Empire qu'est la Martinique. Sa « négritude », terme qu'il rejette en lui préférant le concept de « *créolisation* » recoupe en réalité ce que Maurice Merleau-Ponty mettait sous le terme « *diacritique* », c'est-à-dire un système où c'est la différence qui est signifiante.

Glissant peut néanmoins mieux incarner ce langage de la différence et critiquer l'inconscient raciste français. Il possède certainement une dimension de poète et de penseur reconnu par son parcours. Au début des années 1980 : il est appelé à l'Unesco, où son audience réussit en peu de temps, à le hisser en 1981 au poste important de directeur du *Courrier de l'Unesco*, qui est alors un titre international très respecté sur la scène mondiale. Il obtient ainsi une visibilité qui permet à ses idées de circuler dans les milieux culturels. Mais son discours se heurte naturellement aux limites qui sont celles rencontrées par les organisations internationales. Elles portent une voix universelle qui à du mal à être entendue des entités particulières que sont les États. Glissant prend néanmoins son travail très au sérieux et produit un discours qui est sans doute difficile à écouter par la bonne conscience républicaine française. *Le Courrier* comprend au début des années 1980 vingt-six éditions linguistiques, dont six à Paris ; sous le mandat de Glissant, les éditions hors siège atteignent le chiffre de trente-six. La ligne éditoriale des numéros réalisés alors balaye un prisme relativement vaste, couvrant des considérations ethnographiques et des débats géopolitiques globaux ayant trait aux domaines de prédilection de l'institution : l'éducation, le développement, la science et la culture. Le poste correspond parfaitement aux aspirations de cet esprit épris du dialogue des peuples, de cette fameuse *mise en relation* qui guide sa pensée : les nécessaires arbitrages entre les différentes équipes rédactionnelles nationales le confrontent à une scène où s'épanouit la diversité des approches, dans une sorte de préfiguration en actes du *tout-monde* glissantien. Le problème central reste celui du dialogue et de la traduction : thème important pour Guillaume de Humboldt, Willard Van Orman Quine, mais également Walter Benjamin, c'est-à-dire à un membre d'une des communautés opprimées.

C'est à la lumière de cet éclaircissement biographique qu'on peut comprendre l'importance de la critique glissantienne. Si la littérature, c'est-à-dire la forme la plus élevée de la conscience critique d'un peuple, rejette la question de la colonisation et n'en traite pas de façon directe ou indirecte, c'est que le pays ne dispose pas de la force et des ressources nécessaires pour affronter la difficulté. Le repli sur soi est certainement l'effet naturel de ce manque de force. Il est le symptôme de cette civilisation incapable d'accueillir la diversité et la différence. Or il est évident que la fermeture tous azimuts de l'État Français révèle une faiblesse et une maladie qui est difficilement soignable. Si on suppose que la différence est la condition de possibilité de la compréhension et de signification dans notre monde, l'incapacité à accueillir toute différence implique une forme de nihilisme : une incapacité à former sens.

Ce nihilisme prend de multiples sens : à la fois un nihilisme extérieur avec une forme de terrorisme, à la fois un nihilisme intérieur avec un nihilisme en termes de projet : la société de consommation produisant la consommation sans ambition comme idéal d'humanité accomplie. Cette lutte de l'*homo religiosis*, compris comme le fanatique religieux, et de l'*homo œconomicus*, compris comme celui qui doit absolument consommer pour maintenir la croissance et permettre au pays de croître, traduit en un sens le combat entre le racisme et l'antiracisme. Elle cristallise le problème de la grandeur en France. Le raciste comprend la grandeur comme celui qui a perdu son Empire, mais souhaite bien en faire souffrir ses anciennes colonies. L'antiraciste considère au contraire, comme Deng Xiaoping, que peu importe que le chat soit noir ou blanc tant qu'il attrape les souris. Il n'importe pas vraiment que l'ouvrier soit un autochtone ou un membre des anciennes colonies pourvu qu'il produise de la richesse. Cette acceptation de l'autre pouvait apparaître comme une offre généreuse dans la période des trente glorieuses. Dans cette période le discours raciste peinait à se faire entendre et à avoir une légitimité puisque la société pouvait accueillir sur le marché du travail la majeure partie des immigrés. Il devenait plus délicat de récuser ce type de discours en période de chômage massif et dans une période d'accroissement de la dette publique qui grevait les possibilités d'actions politiques. Dans ces conditions l'autre apparaissait comme un être qui n'était pas comme une sorte de complémentaire permettant à la société de vivre et de se développer. Il apparaissait comme un ennemi dans la compétition économique et sociale.

Cette compétition économique apparaissait comme le principal alibi de l'antiracisme. L'accueil de l'immigré sert à pourvoir les métiers dont les Français autochtones ne veulent pas. L'immigration apparaît de ce fait comme une nécessité en plus qu'une forme de légitimité. Elle s'intègre ainsi dans un discours économique dont le discours raciste n'a que faire. La question économique apparaît comme centrale aux yeux des républicains. Elle est complètement négligée par les tenants d'un discours raciste qui proposent des alternatives improbables. Ces dernières sont irréfutables car elles n'ont jamais été utilisées nulle part. Le flou artistique règne ainsi sur un discours politique qui ne fait certainement pas de la question économique sa priorité. C'est toute la question des rapports de la société civile à l'État qui est ainsi posée. Le problème est simple. Dans une perspective hégélienne, la seule que comprennent les fonctionnaires français, l'État est considéré comme une entité transcendante par rapport à la société. La question est alors de savoir comment comprendre cette transcendance. Si la société, c'est *grosso modo*, ce qui produit la richesse et que l'État est constitué pour légiférer, il peut bien y avoir un lien entre les deux, mais celui-ci n'est pas complètement défini. Le discours raciste tient dans la croyance en une autonomie complète de l'État qui devrait légiférer dans une sorte de décalage complet avec l'état économique du pays. Le discours républicain tend vers une forme plus ou moins affirmée de libéralisme. L'État doit légiférer en accord avec les contraintes des mécanismes économiques tout en permettant à celles-ci de se libérer. Il est inutile de préciser que ces deux projets sont parfaitement en désaccord avec la réalité des faits et qu'à l'exclusion acceptée, mais non réalisée du discours raciste, correspond l'exclusion refusée, mais existant dans les faits du discours Républicain du chômage et de l'asile pour les fous et inadaptés. Il faut néanmoins préciser que les deux projets ne se valent pas pour autant. Le discours républicain admet en lui-même la critique et même s'il a une tendance à la décadence morale et à la décrépitude dans le domaine des projets, il faut reconnaître qu'il admet l'autocritique, tandis que le discours raciste ne fonctionne que de façon idéologique.

En d'autres termes le discours républicain admet ses imperfections et admet qu'il est perfectible. Il admet de ce fait sa faiblesse et suit le discours d'un homme des *Lumières* comme Condorcet qui dit :

> « On chercherait en vain, dans les pays appelés libres, cette liberté qui ne blesse aucun des droits naturels de l'homme, qui non seulement lui en réserve la propriété, mais lui en réserve l'exercice. […]
> Mais, dans ces mêmes pays, les lois garantissent la liberté individuelle et civile. Mais si l'homme n'est pas tout ce qu'il doit être, la dignité de sa nature n'est pas avilie : quelques-uns de ces droits sont au moins reconnus ; on ne peut pas dire qu'il soit esclave, mais seulement qu'il ne sait pas encore être vraiment libre ».

Toute la différence semble être là. Il est vrai toutefois que la République par moments semble suivre la voie et la pente dangereuse comme elle le fait dans tous les domaines de l'exclusion qu'elle produit : chômage, folie, prison. Il est vrai que sur ces trois thèmes le discours raciste n'est pas mieux armé et qu'il évite ces thèmes autant que possible. Le problème économique est pour le discours raciste complètement insoluble. La tentative de dédiabolisation et normalisation du Front national s'est heurtée à cette contradiction gênante.

Pour le raciste, le discours politique est complètement autonome par rapport à la société civile. En d'autres termes le politique n'a pas à se soucier de l'économie et ne peut produire qu'un discours négatif par rapport à elle. Il peut critiquer le discours républicain en associant racisme et chômage. Il est en revanche beaucoup plus difficile de produire quelque chose de positif. Le débat de l'entre-deux-tours des élections présidentielles 2017 a montré essentiellement une chose : Marine Le Pen ne connaissait rien aux dossiers économiques du pays. Elle n'avait rien à en dire. Sa principale grille d'interprétation de la situation du pays reposait sur une grille idéologique qui manquait complètement de plasticité pour pouvoir s'appliquer à une situation complexe.

On décèle la fonction structurante du discours raciste dans la Cinquième République et son incapacité à traiter des problèmes concrets et réels. Ce qui passait pour une forme d'incompétence de la candidate frontiste ne faisait que refléter un point ferme de son problème : la grandeur de la France ne pouvait pas passer à ses yeux par les connaissances techniciennes des dossiers. La grandeur ne pouvait passer que par une supériorité de race. On objectera à cela que le discours s'est considérablement adouci. Ce point est incontestable et correspond sans doute à une évolution nécessaire : en élargissant sa base électorale, le Front national ne pouvait plus tenir un discours raciste simple et nourri simplement par la haine. Il est vrai que la dimension affective du discours frontiste est essentiellement négative : jeu sur la haine en rejetant l'autre comme immigré, jeu sur la peur en posant de manière récurrente le problème de la sécurité et en posant la question de la perte de l'identité culturelle.

Ces deux affects essentiellement négatifs restent deux affects normaux pour un discours visant le repli sur soi. C'est au travers de la thématique de ce repli que paradoxalement le jeu de la grandeur réapparaît. Il s'agit de reconquérir l'autonomie politique dérobée par l'étranger, essentiellement américain, et l'identité culturelle volée par des immigrés issus de régions qui ne partagent plus rien avec la France. Le thème de l'islamisation et la figure dévoyée de Charles Martel comme sauveur de la République actuelle participe de cette logique fantasmagorique qui voudrait que la France actuelle vive dans la continuité avec la France médiévale : mêmes aspirations à combattre un faux culte par exemple. Néanmoins cette fantasmagorie est immanente à la Cinquième République qui réclame un imaginaire. Cet imaginaire est soit celui du discours raciste, soit un imaginaire de type républicain se réclamant de la philosophie *des Lumières* et dont le but est ouvertement de nier le problème des races. Le problème des races tient à autre chose que la colonisation. Il peut tenir également à une forme de justification de l'ordre dans l'Ancien Régime. Le discours de Boulainvilliers tenait peut-être à la question d'une différence entre les couleurs de peau. La France fut un haut lieu de la traite négrière à la fin du XVIIe siècle. Mais le mot « race » ne désignait pas simplement cette différence de peau. Il désignait surtout à l'intérieur de la population blanche, ceux qui étaient faits pour commander et ceux qui étaient faits pour obéir. Un poète comme Baudelaire au XIXe siècle utilise ce genre de terme pour décrire une société complètement inégalitaire dans son poème « Abel et Caïn ».

> « Race d'Abel, dors, bois et mange
> Dieu te sourit complaisamment.
> Race de Caïn, dans la fange
> Rampe et meurs misérablement ».

Ces vers qui visent certainement une forme de dénonciation sont avant tout descriptifs : ils décrivent de manière allégorique la société française. L'écrivain marxiste Walter Benjamin, en véritable Socrate des Temps modernes s'était réapproprié le poète français pour montrer les contradictions de la société française : une société qui dans sa politique affirmait l'idée d'égalité. Cette contradiction entre le droit et le fait court tout au long de la Cinquième République. Elle tient dans la croyance plus ou moins hypocrite en cet esprit d'égalité dont on peut trouver un exemple parmi tant d'autres dans les affirmations de Condorcet :

> « Ainsi, l'on n'osa plus partager les hommes en deux races différentes, dont l'une est destinée à gouverner et l'autre à obéir ; l'une à mentir et l'autre à être trompée ; on fut obligé de reconnaître que tous ont un droit égal de s'éclairer sur tous leurs intérêts, de connaître toutes

les vérités, et qu'aucun des pouvoirs établis par eux sur eux-mêmes ne peut avoir le droit d'en cacher aucune ».

Nier l'existence des races est une forme de projet qui court dans la politique française depuis plusieurs siècles. La question s'est évidemment compliquée avec l'apparition de la question du sauvage qui était une question impérialiste. Mais elle restait la même dans ses effets de savoir : qui est le maître destiné à être heureux et qui est l'être servile destiné à obéir ? Naturellement en posant la question de façon si crue on se heurte à de vives résistances. On dira que c'est là une caricature du problème et une négation de la complexité de la situation. Il s'agit là naturellement d'un artifice rhétorique classique pour nier une difficulté. Il n'empêche que la question du racisme court en France depuis le début de la Cinquième République et que cela est inhérent à la nature du régime. Ce régime repose en effet sur la question de l'Empire perdu et il y a finalement deux façons de vivre avec cette perte : soit considérer que les anciennes colonies doivent payer au prix fort leur volonté de séparation, soit accepter cette séparation et vivre seule dans un monde où la grandeur doit être conquise de façon différente. Le racisme appartient à la question de la grandeur de la France. Il produit un discours sur la position de la France dans le monde en tant qu'ex-empire colonial. C'est là la nature inconsciente de la politique française. Il n'est pas véritablement étonnant que le parti Front national en réveillant cet inconscient puisse obtenir une grande adhésion en une période incertaine. On pouvait considérer sa position au second tour de l'élection présidentielle comme une forme de surprise en 2002. En 2017, plus personne ne doutait de la présence de Marine Le Pen au second tour. Peu de gens doutaient qu'elle serait battue. L'ampleur de la défaite fut cependant moindre et plus de trente pour cent des votants se prononcèrent pour elle, ce qui montrait qu'à la faveur des difficultés du pays à entrer dans la mondialisation le refoulé a tendance à remonter.

Cependant ce discours comporte des faiblesses du point de vue économique sur la question de l'ouverture à la mondialisation. D'un point de vue conscient, ce sont ces défis que la grandeur française s'apprêtait à défier et cela dès la période du général de Gaulle. Mais comme nous allons le voir, ce discours prétendument conscient possédait également une face cachée qu'il était sans doute difficile d'avouer. La question qui se posait dès le début de la Cinquième République fut celle de la nature même de la politique, de sa relation à la sphère économique et à la production de richesses. La grandeur française ce serait la grandeur d'un État qui dirigerait la sphère économique dans la mondialisation ; à moins que ce ne soit l'inverse : une forme réactive constamment contrainte de s'adapter aux affres d'une mondialisation dont l'effet est la destruction de l'État-nation.

IV.

Grandeur française et économie

Les métamorphoses de l'*homo œconomicus* en période de mondialisation

Les premières années de la Cinquième République furent marquées par l'"émergence de la société dite de consommation. Cette transformation voulue par le général de Gaulle fut incomprise à son niveau. Elle fut voulue parce qu'elle permettait la transition vers un autre type de grandeur susceptible d'être substituée à la grandeur coloniale. Elle fut incomprise car la consommation de masse créa des formes de comportement nouvelles mal anticipées par les dirigeants politiques. Le mouvement de Mai 1968 révéla cette difficulté : l'État avait déchaîné des forces qu'il ne comprenait pas. Par bonheur pour lui cependant, ces forces ne se retournèrent pas complètement contre lui. Ce ne fut que pour les plus radicalisés et les plus idéologisés que le général pouvait être assimilé à un dictateur. Pourtant 1968 montra bien que l'ancien monde disparaissait sans laisser nécessairement la place à une transition monstrueuse. La difficulté de la transition de la Cinquième République consista cependant à lier à la fois les aspirations du conservatisme au niveau des institutions et une évolution inédite d'un point de vue technique et économique. D'un point de vue démographique la population n'a cessé d'augmenter en passant de 47 millions de personnes en 1962 à un peu plus de 65 millions cinquante ans plus tard. La population s'est également fortement urbanisée. Mais il est encore nécessaire de savoir ce que cette réalité signifie. Depuis 1931 les statistiques indiquent en effet que la population urbaine est majoritaire. Toutefois derrière ces chiffres on ne trouve pas de changement radical de mentalité ou de mode de vie. Les statistiques considèrent en effet qu'une ville est une agglomération de plus de deux mille habitants. Il reste cependant évident que les modes de vie et la mentalité rurales se maintiennent dans ce cas de figure. L'idée et l'idéal de la ruralité consistent à se représenter la France comme un regroupement de petits propriétaires qui peuvent cultiver un lopin de terre conférant à ses habitants un cadre d'autonomie et de liberté. C'est cette mentalité qui éclate avec l'émergence de la société de consommation. L'idéal du petit propriétaire autonome bat en éclat. Mais cela ne signifie pas davantage que se met en place une société suivant les prédictions marxistes, qui dans le cadre de la lutte des classes, opposerait quelques capitalistes privilégiés à une masse de prolétaires. Le cadre de la société française est nouveau et sans précédent dans l'histoire. Ce qui se joue avec la fin des trente glorieuses est l'établissement d'un nouvel idéal de vie dans la société française et l'émergence d'une forme *d'homo œconomicus.*

Les trente glorieuses et l'émergence de l'homo œconomicus

Le problème du début des trente glorieuses a été pour l'État de dompter la société et de lui donner une forme moderne. Cette mise en forme nouvelle de la société reste une litanie de la pensée politique. Il n'est pas facile pour l'État de reconnaître qu'il n'est pas maître de tout sur son territoire. La société apparaît comme cette communauté plus ou moins indépendante pouvant se soustraire à l'État et aussi contester, même si elle dépend également de lui, au moins pour les fonctions régaliennes. Avec la Cinquième République apparaît une nouvelle forme de société. En premier lieu on voit l'effondrement des petites entreprises victimes du progrès technique et de l'innovation, suivis par les concentrations d'entreprises. On voit également le développement des inégalités. Une partie de la population évolue vers une forme d'embourgeoisement tandis que des pans entiers sombrent dans la précarisation. On voit enfin et surtout un salariat apparaître de façon massive constituant une classe moyenne nombreuse facilement surveillée en particulier par les structures fiscales. Avec l'émergence des Temps modernes, l'État s'est formé essentiellement au travers de la fiscalité. Plus qu'un monopole de la violence légitime, le politique se comprend comme l'instance disposant du monopole de la ponction fiscale légitime. La société se constituant essentiellement par le travail et le salariat, la fraude fiscale devenait aléatoire pour les classes moyennes. Le phénomène de contrôle n'a cessé de s'accentuer puisque les banques et les compagnies d'assurance à l'heure actuelle sont à la disposition des services fiscaux et lui fournissent les informations dont elles disposent. Le projet suivant porte sur la négation de toute possibilité de payement en espèce. Cette ingérence du financier dans la surveillance des citoyens peut être contestée par les garants des libertés publiques. En réponse, elle tire sa légitimité, dit-on, dans la lutte contre les trafics les plus illégitimes et les plus illégaux. Cela voudrait dire que la société, malgré la qualité de ses services publics de police, serait infectée à un niveau tel que tout citoyen serait considéré comme un délinquant par les autorités responsables. Cela est ambigu car il semble que les trafics en tous genres restent prospères et ne sont pas affectés par ces mesures. Le but n'est probablement pas celui d'une baisse de la criminalité mais plutôt d'obtenir un meilleur contrôle et une meilleure surveillance de la population dans son ensemble.

 L'État tire une partie de son prestige et de sa grandeur grâce à cette capacité d'organiser le prélèvement fiscal. On peut interpréter l'évolution de la société française comme une amélioration générale de ce prélèvement. En d'autres termes, à la question « A quoi sert l'État ? » la réponse est : à se conserver, persévérer dans son être. Pour cela il a besoin de financements procurés par la collecte stable de l'impôt. Il a besoin également d'une légitimité lui permettant de justifier les prélèvements. Du fait de la bonne tenue de la croissance durant les premières années de la Cinquième République et du fait d'un enrichissement matériel général de la population permettant aux ménages d'acquérir des biens de consommation comme un frigidaire, une télévision, une voiture, voire acheter une maison, le problème économique ne s'est pas posé immédiatement. Il pouvait éventuellement y avoir une incompréhension de la part des pouvoirs publics au sujet des nouvelles aspirations de la population. Mais l'embellie générale et durable n'incitait pas au renversement violent des structures du pouvoir. Les événements de 1968 restèrent des événements. Ils ne devinrent pas une révolution. Ils cessèrent d'ailleurs ironiquement avec les vacances scolaires d'été. Il y avait de ce fait un complet décalage entre la société et l'État. Mais cette distinction de la société et de l'État apparaissait dans un même temps vraiment questionnable. Il s'agissait là d'une distinction théorique importante pour les étudiants. On pouvait néanmoins se demander à quoi elle correspondait dans les faits et hors de toute rhétorique.

D'un point de vue conceptuel, on pouvait penser que la société civile avait pour fonction de produire des richesses dans le cadre économique tandis que l'État aurait pour fonction d'organiser les fonctions régaliennes soit : justice, défense, ordre public, relations internationales et finance. Pourtant, ce discours libéral ne pouvait cacher un certain nombre de présupposés en matière politique. Le premier d'entre eux est l'idée simple que l'État est incapable de créer de la richesse et que ce rôle est dévolu à la société. Or on peut se demander, comme le fait Michel Foucault au Collège de France, à quoi correspond sérieusement ce concept de « société civile », souvent convoqué et traité comme une évidence, alors qu'il est tout sauf clair. En 1979, Michel Foucault fait part de son doute sur ce concept au Collège de France. Certains voudraient en faire une chose naturelle et une nécessité politique. Mais Foucault démasque ce genre de propos comme étant des propos libéraux tout à fait inavoués :

> « Je crois qu'il faut être très prudent quant au degré de réalité qu'on accorde à la société civile. Ce n'est pas ce donné historico-naturel qui viendrait en quelque sorte servir de socle, mais aussi de principe d'opposition à l'État ou aux institutions politiques. La société civile, ce n'est pas une réalité première et immédiate. La société civile, c'est quelque chose qui fait partie de la technique gouvernementale moderne ».

La notion de société civile est une notion importante en ce qui concerne la grandeur d'un pays. Elle consiste à penser l'État comme une entité transcendante par rapport aux entités économiques. La Cinquième République n'a jamais essayé de pousser un dirigisme économique. Les hommes politiques ont dans un premier temps eu un certain mépris pour le monde de la finance. Ce monde de la finance ne se ramène pas à la société civile dira-t-on. Cependant, on est bien contraint de constater que le concept de société civile est en réalité très vague et qu'il est suffisamment instable pour pouvoir se fixer sur la finance. Le général de Gaulle, comme on le rappelle souvent, considérait que « La politique de la France ne se fait pas à la Corbeille ». En 1966, le sujet était traité de manière tout à fait cavalière et avec un certain dédain par l'État. Le général signifiait d'ailleurs qu'il y avait une sorte d'irrationalité des marchés financiers qui étaient en décalage avec le cours réel de la vie économique. Le général pouvait donc ironiser de bonne foi sur une bourse aux cours soit exagérément élevés, soit exagérément bas comme c'était le cas au moment de l'interview. Toutefois le fait de s'y référer montrait que le problème pouvait être traité avec un certain mépris, mais qu'il se posait tout de même sur le long terme. Pas pour le général de Gaulle cependant. La période des trente glorieuses qui prend plus ou moins fin avec le choc pétrolier de 1973 avait vu une croissance de 6 % par an de l'économie française en moyenne avec des pics à plus de 8 %. Le problème consistait de ce fait à réunir des capitaux pour financer les investissements. Comme l'économie fonctionnait à un régime soutenu la Banque de France pouvait subvenir aux besoins de liquidités par la création justifiée de moyens monétaires dans le strict respect des équilibres des agrégats.

Les choses furent amenées à changer avec la fin des mandats du général de Gaulle et du président Pompidou pour des raisons qui tenaient, d'une part, à une instabilité intérieure et, d'autre part, à des aspects extérieurs, montrant de façon criante le déficit de grandeur de la France en matière économique. Si on entend par *grandeur* la capacité à se diriger de façon autonome, un certain nombre de difficultés apparurent dans les années 1970. Le 15 août 1971, durant la période estivale, le président américain Richard Nixon mit fin à la convertibilité du dollar. Son gouvernement refusait dorénavant de soutenir le cours de la monnaie, fixé précédemment à 35 dollars l'once d'or fin. Cette dévaluation de fait du dollar consacra la fin de la stabilité monétaire de l'après-guerre induite par les accords de Bretton Woods. Toutes les monnaies, déconnectées de la référence au dollar, se mirent à flotter de façon désordonnée. Deux ans plus tard, l'économie mondiale entra dans une durable langueur, caractérisée à la fois par une rapide hausse des prix, un chômage élevé et une croissance poussive. C'est la période de stagflation qui s'ouvrait. La décision américaine eut un sévère effet sur l'économie française qui dut reconnaître dans les faits ne plus être maîtresse d'elle-même. Cette décision tenait sans doute à la nature du libéralisme américain qui n'a jamais été compris complètement par les instances dirigeantes françaises. Celles-ci, en période de guerre froide, avaient choisi le camp occidental contre le camp soviétique, mais souhaitaient néanmoins conserver une certaine indépendance vis-à-vis de l'ogre américain. Dans ce cadre, il ne pouvait pas être question d'adhérer à un libéralisme qui avait été fomenté Outre-Atlantique et qui correspondait sans doute aux aspérités et aux problèmes américains, mais certainement pas à la situation française. La décision de Nixon en 1971 ramenait néanmoins la France au principe de réalité : les monnaies devenant flottantes, le problème financier se posait de façon cruciale.

Le problème posé par Nixon retentit à un niveau mondial. Pour la France il posa un problème politique grave même si le général avait eu tendance à le balayer d'un revers de main. Durant les trente glorieuses, la France avait eu recours à un dirigisme modéré. Ce qui apparaissait en 1971, c'était une opposition entre une compréhension américaine du libéralisme et une compréhension française de celui-ci. Michel Foucault pointa ce problème du doigt en 1979 :

> « Le libéralisme, en Amérique, c'est toute une manière d'être et de penser. C'est un type de rapport entre gouvernants et gouvernés beaucoup plus qu'une technique des gouvernants à l'égard des gouvernés. Disons, si vous voulez, que dans un pays comme la France, les contentieux des individus à l'égard de l'État tournent autour du problème du service et du service public, le contentieux [aux États-Unis], des individus à l'égard de l'État prend plutôt l'allure du problème des libertés ».

C'est pour cela qu'aux États-Unis le problème a toujours été celui d'une limitation de l'État, de son arbitraire au profit des libertés citoyennes. Le libéralisme traverse alors tous les partis politiques qu'il s'agisse des républicains ou des démocrates qui ont toujours vu dans le Léviathan un mal nécessaire, mais certainement pas une entité capable de les libérer. Pour un État comme la France au contraire où le fait d'être fonctionnaire est valorisé et où la question du service public est considérée comme centrale, l'État est présenté comme quelque chose de libérateur. Dans la mythologie républicaine que le pays essaie de construire, c'est de lui que naissent toute lumière et toute valeur. Cette différence d'appréciation entre la première puissance mondiale et la cinq ou sixième tient certainement à des raisons historiques. Ancienne monarchie centralisée depuis le XVIIe siècle, la France qui fut un pays traumatisé par les séditions protestantes du XVIe et XVIIe siècle n'a pas trouvé de ressources intellectuelles supérieures à la constitution d'un État fort pour assurer sa pérennité. Les vieilles habitudes, l'atavisme centralisateur et un goût prononcé pour le pathos du déclin ont certainement fait que la question des libertés fondamentales a complètement échappé au débat public, et que ce que la pensée anglaise présente comme le monstre *Léviathan* est au contraire adulé ici. Dans ces conditions le tournant dit *néolibéral* amorcé par Nixon ne pouvait être compris par la France. Celle-ci croyant fermement que toute liberté venant de l'État et de sa capacité à mettre en place une justice distributive sans donner une liberté quelconque aux producteurs de richesses ne pouvait voir les implications du monde qui se créait. Elle le pouvait d'autant moins qu'à l'époque de la guerre froide, il y avait une alternative idéologique présentée par le système soviétique qui était fortement centralisateur. Quoi qu'il en soit, la décision du 15 août 1971 apparaît comme une limitation de la grandeur française. C'est presque une humiliation dans la mesure où la décision fut prise indépendamment de toute concertation avec le pays. C'est aussi une décision difficile pour l'État qui va voir la finance et la société civile s'immiscer dans son parcours et lui imposer un certain nombre de contraintes. Naturellement l'événement n'a pas immédiatement modifié les structures. Cependant le retentissement de cet événement fondateur du néo-libéralisme se fait encore entendre aujourd'hui.

Mais cette limitation de l'autonomie française par une décision américaine aurait sans doute été supportable si elle n'avait été suivie par la crise pétrolière de 1973. Cette crise mettait en avant le fait que la croissance française ne se fondait pas uniquement sur la capacité de son peuple à se redresser malgré les turpitudes et les malheurs qui avaient accablé son histoire récente. Il s'appuyait également sur le fait massif que c'était une énergie très bon marché qui permettait à l'économie de reprendre de la vigueur. La crise de 1973 révéla ainsi une carence. La France avait vécu dans la certitude du redressement autonome, mais elle dut reconnaître que cette autonomie n'était qu'illusoire. L'Algérie à laquelle on avait laissé l'indépendance disposait de pétrole. La France, non. Cette absence de matière première pouvait sembler être un handicap. De manière assez vaine, le président Valéry Giscard d'Estaing déclara qu'en France on n'a pas de pétrole, mais qu'on a des idées. Il proposa alors de changer l'heure et de passer à une heure d'été, ce qui s'avéra un succès dérisoire du point de vue énergétique. L'épisode des avions renifleurs censés être capables de déceler les nappes de pétrole est un autre exemple du côté irrationnel de la question énergétique. Deux individus, l'un belge et l'autre italien, étaient parvenus à convaincre le sommet de l'État français qu'ils étaient en mesure de localiser les masses de pétrole par un simple survol par avion. Cette supercherie dura de 1975 à 1979 et fut dénoncée en 1983 sous la présidence de François Mitterrand. Le président Giscard d'Estaing interrogé au journal d'Antenne 2 dénoncera ceux qui font courir « le risque honteux de l'abaissement de la France ». Par-delà l'escroquerie avérée puisque les avions renifleurs n'avaient jamais rien découvert sinon des images préenregistrées, l'affaire montrait les troubles d'une période. Elle constitue l'aveu que la France était en position de faiblesse et qu'il lui fallait, par n'importe quel moyen, pallier toutes les difficultés de la dépendance énergétique. La France a sans doute des idées, mais elle aurait sans doute mieux réussi en y ajoutant du pétrole.

L'une des suites de la crise de 1973 fut la montée du chômage. Ce chômage reste une conséquence des politiques néolibérales. Cette conséquence est niée par les gouvernements qui refusent de reconnaître leur impuissance sur l'économie réelle.

D'un point de vue général sur le temps long, les quarante dernières années en France furent marquées par une forte désindustrialisation. La question du chômage fut également marquée par une dette de l'État qui n'a cessé de croître depuis la mise en place de l'emprunt Giscard en 1973. La dette est celle de l'État qui a besoin de l'argent emprunté pour financer l'emploi public et de ce fait son propre fonctionnement. C'est à ce niveau que la question de la dette pose la question de l'opposition entre la société civile et l'État. Dans une compréhension habituelle du droit, l'État dépasse habituellement la société civile et lui impose ses normes. C'est dans ce cadre que l'on peut parler d'une « grandeur » de l'État. C'est de manière très schématique une compréhension hégélienne de l'État, qui était sans doute appropriée à la situation allemande du XIXe siècle, mais qui reste, pour une bonne part, la compréhension française. Or une compréhension nouvelle, beaucoup plus terre à terre, et de ce fait nettement moins glorieuse, consiste à considérer l'État comme une entité dépendant de l'apport fiscal de la société civile. Cette situation a posé des problèmes dès le recours à la dette publique dans la mesure où le recours à l'emprunt s'est fait dans un contexte de fragilisation de la croissance. Le taux de croissance de la dette étant supérieur à celui de la croissance économique dans un contexte où le multiplicateur keynésien reste insuffisant, la proportion de la dette devient rapidement étouffante et a atteint en 2016 97,5 % du PIB. Ce fait a montré une forte dépendance de l'État devant les instances productrices de richesses. La société civile a dès lors été comprise comme le lieu des entreprises productrices de richesses interlocutrices l'État. En d'autres termes, le prestige et la grandeur de l'État étaient en péril dans la mesure où ce dernier devait discuter d'égal à égal avec les instances économiques et en particulier avec les dirigeants des grandes entreprises. La nature même du régime républicain et démocratique était remise en question.

Ce n'est pas la question républicaine qui pose un problème. L'État reste ce lieu de l'espace public où lui, les syndicats, les différents acteurs de la vie économique, les associations peuvent discuter. C'est surtout la question de la démocratie qui est soulevée. Depuis l'Antiquité, les classifications des différents régimes politiques ont peu évolué. Hannah Arendt avait pu voir un nouveau type de vie politique avec les régimes totalitaires. Toutefois en dehors de cette nouveauté théorique qui ne concerne pas la Cinquième République, ce sont toujours les régimes démocratiques, oligarchiques et monarchiques qui sont cités dans les classifications. Il faut certes toujours tenir compte des variations entre les différents types de démocraties, d'oligarchies et de monarchies, de leurs dérives et de leurs entrecroisements possibles. Toutefois depuis la Révolution de 1789 qui est l'acte fondateur de la modernité française dans la mythologie républicaine, c'est un idéal d'égalité qui est fondamental. La devise de liberté, d'égalité et de fraternité étant mise en avant malgré les contradictions qu'elle comporte, il ne saurait être question dans le discours officiel de reconnaître que le régime est de nature oligarchique. Toutefois, à mesure que la dette se creuse et que l'État est dépendant des instances économiques, la question ne cesse de se poser.

Pourtant ce qui est caractérisé comme une dérive oligarchique, c'est-à-dire une collusion entre les intérêts des plus riches et du pouvoir de l'État, marque peut-être le phénomène qui explique une bonne partie de la politique économique française. Le problème pour l'État n'est peut-être pas de résorber le chômage. François Mitterrand en 1993 affirma que contre le chômage, on avait tout essayé. Il remarquait que ce n'était pas un mal français et non pas un mal socialiste. Il s'agissait selon son analyse bien plutôt d'une difficulté liée à l'évolution des technologies et de la possibilité pour l'État de s'adapter aux circonstances économiques. Il s'agissait d'un ouragan qui avait déferlé sur la France depuis 1973. Le Président insistait sur l'impuissance de l'État. Le problème venait de ce que l'État ne pouvait agir sur l'économie. Il reconnaissait avoir commis une erreur quand il avait critiqué Valéry Giscard d'Estaing sur ce problème très particulier qui ne relevait pas en réalité de sa compétence. Ces déclarations prenaient acte du fait que la politique n'avait pas les moyens d'influencer le cours du chômage. Cet état de fait préoccupe le politique car le mode d'accès à la vie sociale, à la possibilité de créer du *lien social* et d'accéder à la croissance se fait par le travail. Reconnaître l'impuissance de l'État, c'est reconnaître que l'État ne peut pas agir sur un facteur de dissolution de la société. Le constat est donc amer, mais irrévocable.

On peut néanmoins se demander si le chômage n'était pas un état nécessaire, dont le néolibéralisme s'accommode. Michel Foucault, qui avait soutenu le président

Mitterrand en 1981, avait dans ses cours sur la biopolitique au Collège de France analysé le courant néolibéral tel qu'il avait pu apparaître en Allemagne, mais avec des résonnances internationales, dans les années 1930. Un colloque intitulé Walter Lippmann se réunit en France à la veille de la Deuxième Guerre mondiale en 1939. Il analysait un livre de Lippmann qui venait d'être traduit. Ce livre condensait une partie de la pensée libérale et de la pensée néolibérale. Il était important pour Michel Foucault de noter que le néolibéralisme, ce n'était pas une reprise des thèmes d'Adam Smith, de Ricardo ou de Karl Marx. C'était plus et c'était sans doute autre chose. Il est vrai qu'en un sens libéralisme et néolibéralisme sont conjoints et que la différence entre les deux semble ténue. Le parti-pris de Michel Foucault qu'on peut toujours critiquer, mais dont il faut également tenir compte, c'est l'idée que le néo-libéralisme change la nature du libéralisme. Ce n'est pas du libéralisme à un degré plus fort, c'est autre chose. D'un point de vue théorique, il y a un embarras :

> « Ce que je voudrais vous montrer, c'est que justement le néolibéralisme est tout de même quelque chose d'autre. Grand-chose ou pas grand-chose, je n'en sais rien, mais quelque chose sûrement ».

Autrement dit, on a affaire à un phénomène nouveau. Ce phénomène est important dans la mesure où il analyse maintenant la crise de 1973 et plus en amont la non convertibilité du dollar en or comme un tournant néolibéral. Que dit alors la pensée néolibérale ? Elle est plutôt favorable à l'État. Elle dit même selon un mot de Röpke qui publia une *Gesellschaftskrisis* peu de temps après le colloque Lippmann : « La liberté du marché nécessite une politique active et extrêmement vigilante ». Autrement dit le néolibéral a besoin de l'État et des entités politiques. Son problème n'est donc pas de créer le marché. Il est de faire en sorte que les entités politiques permettent au marché d'exister et de le soutenir. Michel Foucault condense ainsi sa pensée sur le problème néolibéral :

> « Qu'est-ce donc que le néolibéralisme ? J'avais essayé de vous indiquer au moins quel en était le principe théorique et politique la dernière fois. J'avais essayé de vous montrer comment, pour le néolibéralisme, le problème n'était pas du tout de savoir, comme dans le libéralisme de type Adam Smith, le libéralisme du XVIIIe siècle, comment à l'intérieur d'une société politique toute donnée, on pouvait découper, ménager un espace libre qui serait celui du marché. Le problème du néolibéralisme, c'est au contraire, de savoir comment on peut régler l'exercice global du pouvoir politique sur les principes d'une économie de marché. Il s'agit donc non pas de libérer une place vide, mais de rapporter, de référer, de projeter sur un art général de gouverner les principes formels d'une économie de marché ».

Nous avons dans le courant des années 1930, la constitution des bases théoriques de ce qui est dénoncé de nos jours comme une oligarchie. Le néolibéralisme n'est pas défavorable à l'État. Il en a même constamment besoin. Mais il entend bien dire à l'État ce qu'il doit faire. Autrement dit la grandeur française qui est une grandeur affichée et revendiquée du politique est probablement une grandeur illusoire. Les hommes politiques n'ont jamais gouverné depuis le commencement de la Cinquième République que comme les marchés ont voulu qu'ils le fassent. Cela est sans doute indépendant des postures de droite ou de gauche qui étaient revendiquées. De ce point de vue, on peut donner raison à François Mitterrand quand il affirmait que le chômage n'était pas un mal socialiste. Au moins peut-on être reconnaissant au Président d'y avoir vu un mal. Parce que ce n'est peut-être pas le problème des néolibéraux.

Pour ceux-ci le problème principal est celui de l'établissement des monopoles. Le raisonnement est le suivant : le but de l'activité monopolistique est de conserver ce monopole et d'éliminer les formes possibles de concurrence. C'est sur cette base que la question des prix finit par se poser. D'après le raisonnement néolibéral, il est dans l'intérêt du monopole de fixer des prix de production bas dans la mesure où l'établissement de prix au niveau du marché créerait une forme de concurrence qui serait défavorable. Suivant ce raisonnement, la société dans son ensemble aurait intérêt à l'activité monopolistique qui permettrait d'obtenir des prix bas. Or ces prix bas, ne sont pas fixés par l'État. Ils sont fixés par l'activité monopolistique elle-même. Ce raisonnement s'inscrit contre toute économie de type dirigiste telle qu'on le trouvait sous le bloc soviétique. On peut rappeler qu'en 1979 le bloc soviétique existait encore et que Michel Foucault se référait à un modèle qui allait s'effondrer dix années plus tard certes, mais qui existait de fait et qui de ce point de vue constituait une alternative possible. On peut remarquer que dans un tel modèle et une telle pratique économique le chômage n'existait pas, alors que celui-ci existait et commençait à croître de façon massive en France.

On peut donc dire que le chômage appartient à une structure économique qui en fait le choix. On peut critiquer l'économie soviétique parce qu'elle était peu compétitive et faiblement innovatrice. On ne peut lui reprocher une forme de chômage. Le fait que François Mitterrand ait affirmé qu'il avait tout essayé contre le chômage montrait qu'il pensait que l'alternative communiste n'était pas acceptable. En 1993, contrairement à 1979, date du cours sur la *biopolitique* de Michel Foucault, le bloc communiste s'était effondré. Le dernier représentant de poids de ce système, à savoir la République populaire de Chine amorçait un tournant néolibéral qui allait faire de lui l'économie mondiale la plus puissante un peu moins de vingt-cinq années plus tard. D'un point de vue factuel, il ne peut donc y avoir d'opposition à François Mitterrand : les systèmes qui s'effondrent sont les systèmes sans chômage. Le chômage devient de ce fait une variable d'ajustement dont il faut tenir compte. Mais à la rigueur, on peut, dans le cadre de ce discours, considérer que c'est un mal pour un bien. Le fait d'avoir du chômage à un niveau contrôlable est une donnée plus ou moins souhaitable. Le tout est de gouverner suffisamment bien pour que les chômeurs ne soient pas trop nombreux pour renverser la société.

C'est ce que Michel Foucault notait dans son analyse des discours néolibéraux. Le problème n'est certainement pas le chômage en tant que tel. Le problème, c'est la stabilisation des prix. Il ne s'agit pas de les fixer une fois pour toutes, il s'agit de faire en sorte qu'il y ait une inflation qui soit maîtrisée. Le but, c'est donc de maîtriser les prix :

> « Cette stabilité des prix permettra effectivement, sans doute, par la suite, et le maintien du pouvoir d'achat et l'existence d'un emploi plus élevé qu'en crise de chômage, mais le plein emploi n'est pas un objectif, et il peut même se trouver qu'un volant de chômage soit nécessaire pour l'économie. Comme le dit, je crois, Röpke, qu'est-ce qu'un chômeur ? Ce n'est pas un handicapé économique. Le chômeur, ce n'est pas une victime sociale. Qu'est-ce que c'est que le chômeur ? C'est un travailleur en transit. C'est un travailleur en transit entre une activité non rentable et une activité plus rentable ».

De ce point de vue, il n'y a pas pour l'État à agir sur le chômage. En disant que l'État ne peut rien faire contre le chômage, François Mitterrand s'inscrit dans le discours néolibéral. Il semble considérer que le rôle de l'État doit être un rôle régulateur. Régulateur et non constitutif. Comme le remarque Michel Foucault tout ce discours économique s'inscrit dans un type de pensée qui est la pensée kantienne. Il s'agit de réguler et non de constituer une société de plein-emploi une fois pour toutes et de façon dogmatique comme cela pouvait être le cas en URSS. Cela dit, si le maître mot est l'action régulatrice, cela signifie que les marchés ne peuvent pas se passer de l'État. La question n'est donc pas celle du laisser-faire comme on l'entend dans un raisonnement libéral classique. Elle est celle de l'action régulatrice. Il pose donc la question de la manière de gouverner. Il s'agit de faire en sorte que le marché puisse prospérer en ayant un État qui soit un bon capitaine de navire. Le bon capitaine n'impose pas des règles à la mer. Il dirige son bateau et le mène à bon port en prenant les bonnes décisions. En matière de chômage, le discours néolibéral est hostile à la création d'emploi public pour enrayer le phénomène. Le seul moyen de mettre fin au chômage, c'est de contrôler les prix et donc de créer le cadre qui leur permet de prendre une forme d'inflation acceptable.

La décision politique doit dans ce cadre agir sur les éléments qui ne sont pas immédiatement économiques, mais qui permettent à l'économie de fonctionner. C'est là ce qu'on appelle le « *cadre* ». Le cadre en quoi consiste-t-il ? Il consiste d'une manière négative à faire fonctionner l'économie de façon à ce que les éléments non-économiques soient favorables à cette économie. Il s'agit là d'une activité économique de gouvernance. Tout le problème tient dans la question « *Qu'est-ce que gouverner* » ? Gouverner ne consiste pas à imposer des lois à partir d'une instance transcendante. Cela consiste à créer un cadre. Agir sur les prix apparaît alors comme une fin, mais non comme le moyen.

Vouloir agir directement sur les prix, c'est prendre une mauvaise décision. Foucault remarque que dans un cadre néolibéral on se trouve devant ce problème de la bonne intervention.

> « Il va donc falloir agir sur quoi ? Non pas sur les prix, non pas sur tel secteur en assurant le soutien de ce secteur peu rentable – tout ça ce sont les mauvaises interventions ».

Il s'agit en fait d'agir sur ce qu'on appelle le « cadre ». C'est à l'État, qui est un outil indispensable à l'activité économique, de le faire. Ce cadre peut être cerné et défini et on y trouve des éléments inattendus. Michel Foucault montre en prenant le secteur agricole que ce cadre comporte quatre dimensions. La première dimension est constituée par la population trop nombreuse, qu'il faut faire baisser. La deuxième est la dimension technique. On propose ainsi aux agriculteurs un certain nombre d'outils modernes et on forme les hommes aux nouvelles techniques. La troisième est un cadre bureaucratique dans lequel on tend à changer le régime juridique des exploitations agricoles. La quatrième est, quant à elle, étonnante dans la mesure où elle consiste à agir sur la nature. On cite souvent le mot de René Descartes qui voulait se rendre « Comme maître et possesseur de la nature », mais il est remarquable que cet adage possède une application néolibérale. Foucault propose cette quatrième dimension du cadre :

« Quatrièmement, modifier dans la mesure du possible l'allocation des sols et de l'étendue, la nature et l'exploitation des sols disponibles. Enfin, à la limite, il faut pouvoir intervenir sur le climat ».

L'intervention sur le cadre apparaît de ce fait aussi comme une intervention sur la nature. La montée des mouvements écologistes en France et dans le monde semble comme une réaction à ce genre de rêve ubuesque. Toutefois cette montée n'est pas nécessairement comprise de manière négative par les néolibéraux qui peuvent y voir une forme de régulation contre les excès.

Dans le cadre plus général des trente glorieuses, on s'aperçoit donc que la politique économique de la France a consisté à faire émerger une société de consommation. Elle s'est en réalité construite dans le sillage d'une pensée néolibérale qu'elle n'a pas complètement assumée et qu'elle a voulu rejeter idéologiquement. C'est pourtant dans ce contexte que des hommes d'État comme le général de Gaulle ou le président Pompidou gouvernaient, probablement sans avoir conscience que leur politique obéissait à des principes néolibéraux. Ils se pensaient uniquement en homme d'État, c'est-à-dire en homme croyant fermement à la transcendance et à la supériorité de l'État sur la société civile. Cette vision et compréhension de l'activité politique reste bercée par une illusion, celle d'une grandeur qui n'existe pas forcément, mais qu'on tâche de maintenir dans une perspective purement rhétorique. En hommes de lettres, le général de Gaulle et le Président Pompidou comprenaient sans doute la politique plus comme une tragédie racinienne que comme une vulgaire affaire de création de richesses économiques. C'est toutefois à la création d'un *homo œconomicus* de type néolibéral qu'ils ont abouti. C'est sans doute parce qu'il ne l'a pas compris que le général de Gaulle a cru devoir se réfugier auprès de l'armée en Allemagne en 1968 et constater une vive adhésion populaire en sa faveur à son retour. La croissance française ne pouvait reposer que de manière illusoire sur une idée de grandeur et de prestige. L'embellie économique des trente glorieuses ne reposait pas sur une aspiration à la grandeur, mais sur un calcul économique qui avait été décidé hors du jeu du pouvoir. Le général de Gaulle avait bien fait en sorte de substituer une grandeur économique à une grandeur de type impérial. Mais ce passage qui s'amorçait alors était le passage de l'ère de l'impérialisme à l'ère de l'économie néolibérale. On passait véritablement de l'ère des empires à l'ère de la mondialisation, c'est-à-dire d'un impérialisme à une forme de cosmopolitisme.

Vers la mondialisation :
la fin de l'État-nation ?

Il est possible que la question de la grandeur soit intimement liée à celle de l'État-nation. C'est cette entité politique qui réclame *la grandeur* comme un concept fondamental. Le concept n'a peut-être plus réellement de sens dans le cadre d'une société de consommation qui est solidement installée. Ce passage de l'empire à un monde cosmopolite est tout à fait remarquable.

Il est difficile de cerner ce qu'on peut entendre par le terme « mondialisation ». Le terme est vague comme celui de « monde » qui peut prendre de multiples acceptions. Ce terme relève peut-être d'une nature illusoire. Il implique en tout état de cause une forme d'imaginaire.

D'un point de vue politique, le processus de mondialisation implique que le monde ne soit plus divisé et que le processus de guerre froide soit terminé. C'est ce qui s'est produit à la fin des années 1980 quand l'URSS a fini par s'effondrer de l'intérieur. Dans une vision optimiste les gens pouvaient rêver à une sorte de concorde mondiale. Toutefois ils se sont vite retrouvés dans une autre perspective désenchantée. Des processus technologiques inédits ont pris forme et ont créé de nouvelles manières de vivre. Or ces nouvelles façons de se comporter ont créé de nouvelles inégalités. Celles-ci sont le fruit de nouvelles règles commerciales. Les levées des barrières douanières ont précarisé les plus faibles. L'émergence en Asie de géants économiques, comme la Chine ou l'Inde, a posé des problèmes aux économies occidentales et à l'économie française en particulier. Elle a pu entraîner l'idée que de par sa démographie et le caractère exigu relatif de son territoire, la France devait s'intégrer à une Union européenne où elle pourrait éventuellement peser dans le jeu de l'économie mondiale. Cependant l'intégration des pays de l'Europe de l'Est a affaibli ses ambitions en renforçant considérablement celles de l'Allemagne réunifiée qui se retrouve dans une situation géographique centrale. La langue allemande est largement utilisée dans cette zone de l'Europe offrant à l'Allemagne une influence non négligeable dans tous les domaines. En l'état actuel, la seule porte de sortie pour la France s'est avérée être une impasse. D'une manière plus générale, c'est la question de la fin de l'État-nation qui est ainsi posée à la grandeur française.

Un État-nation est une entité politique qui possède un territoire, un gouvernement et une population. Dans ce cadre-là, la question de la *grandeur* se pose en tenant compte de toutes ces dimensions. Elle se pose d'abord d'un point de vue psychologique. C'est une question de fierté pour un peuple et son gouvernement d'être autonome et de fixer des normes qui peuvent aller au-delà des frontières nationales. De ce point de vue, la grandeur française tient essentiellement à la mythologie entourant la Révolution de 1789 – d'un point de vue formel, elle se schématise en l'histoire d'un peuple qui prend sa souveraineté en se soulevant contre l'arbitraire royal – et en l'énonciation de la *déclaration universelle des droits de l'homme et du citoyen*. Dans cette dernière expression, c'est évidemment le mot *universel* qui doit être souligné. Il suggère que le peuple qui a énoncé ces principes – correspondant *grosso modo* à la vision de la propriété privée par la bourgeoisie française de l'époque – a édicté des normes qui sont indépendantes du caractère géographique, économique et historique. C'est de là que vient certainement la tendance récurrente, parfois critiquée sous le terme péjoratif de « *droit de l'hommisme* », de l'État français à faire référence à ces droits.

L'idée de *grandeur* touche la question du *territoire*. Celui-ci s'est considérablement rétréci avec la fin de la colonisation, mais reste relativement important au niveau européen. Néanmoins la mondialisation modifie les dimensions et fait considérablement varier l'échelle des problèmes. Le fait que Pékin soit à dix heures de vol de la France fait de la Chine un pays quasiment voisin de la France. Il n'y a pas de contradiction, dans une période de mondialisation, à développer un commerce massif avec la Chine ou l'Inde, alors que c'était difficile pour des raisons techniques, mais aussi administratives avant la fin de l'URSS. Au-delà des considérations d'échelle, qui consistent à dire que ce qui était auparavant lointain est devenu relativement proche, nous rencontrons le problème de la déterritorialisation liée à la technique. L'apparition de techniques *virtuelles* de communication et de numérisation rend beaucoup d'actions humaines difficiles à localiser. Les phénomènes habituels de surveillance sont d'ailleurs déjoués par l'existence d'un *darknet*, espace où il devient impossible de localiser les adresses IP des individus connectés et où toutes sortes de trafics illégaux et criminels se développent. Mais d'une manière plus générale, c'est la question de savoir comment des actes dans tous les domaines politiques, financiers, commerciaux, culturels ou autres qui ne sont en définitive reliés à aucun territoire peuvent être soumis au droit d'un États-nation qui est de ce fait dépassé.

L'idée de Grandeur touche enfin à la question du gouvernement et de l'arsenal législatif qui est celui de la France à une époque où l'État-nation se dissout. Cette question porte essentiellement sur le problème fiscal. Si dans son fonctionnement l'État-nation cherche à surveiller, dans sa nature, il doit à se financer. Gouverner, c'est administrer, c'est-à-dire gérer une bureaucratie qu'il faut bien financer par l'impôt. Or le paradoxe de l'État-nation à l'époque de la mondialisation est que la maîtrise des conditions économiques lui échappe par des tendances lourdes supranationales. La mondialisation apparaît de ce fait à la fois comme la négation de la *grandeur* de la France et à la fois comme la seule porte de sortie pour cette grandeur.

C'est à partir de cette difficulté que l'on a vu la politique de grandeur de la France s'infléchir au milieu des années 1990. L'États-nation se fondait sur l'idée d'une toute puissance de l'État s'affirmant dans sa fonction d'État providence. Il pouvait réguler et modérer les inégalités de fait observées dans la société et ainsi éviter que son ambition politique d'inégalité de droit ne disparaisse complètement. L'irruption du sous-emploi et d'un chômage de masse en France a été combattue par un certain nombre de mesures balbutiantes d'ordre social, incitations au soutien de l'emploi par l'offre, par la demande, mesures fiscales diverses sans aucun effet décisif. Une administration dédiée est apparue afin de soutenir les plus démunis mais de fait semble fonctionner dans un cadre sans considération des véritables facteurs économiques et sociaux de la communauté nationale. En 1988, sous le gouvernement de Michel Rocard, fut mis en place le revenu minimum d'insertion (RMI) destiné à aider les plus démunis et ceux qui n'avaient pas de moyens d'obtenir d'autres revenus. C'était une manière d'éviter une dissolution complète de la société. Accordé selon certaines conditions administratives, il était destiné à aider les plus faibles. Il permettait aux administrations de rester en contact avec les populations les plus fragiles de la société et ainsi la contrôler. Il fut remplacé par le revenu de solidarité active en 2009. Le RSA implique pour les bénéficiaires de rechercher un emploi. Cela est illusoire et peut paraître contradictoire dans une société qui n'en propose pas et qui délibérément ne recherche pas le plein emploi. Les prestations sociales en question obéissent en réalité à des logiques néolibérales qu'on a agrégées avec un État providence qui se veut protecteur.

La logique impliquée suppose ce que Jürgen Habermas a appelé une « troisième voie » sur la question de la mondialisation. La première voie serait le néolibéralisme de pleine acceptation de la mondialisation. Elle ne semble guère applicable en France étant donné la croissance des inégalités et le risque évident de dissolution de la société. Ce risque a été clairement énoncé. On redoute l'élargissement des zones de non-droit, zones où la police nationale considère elle-même ne pas avoir la possibilité d'approche. En ce sens l'État français reste très classique en ce qui concerne sa police. La police est un organisme de surveillance permettant de prévenir ou de punir crimes et délits. Mais ce n'est pas là la principale fonction de cet organe administratif. Comme le fait remarquer Michel Foucault dans son *Histoire de la folie à l'âge classique* :

> « La police, au sens très précis du mot qu'on lui prête à l'âge classique, c'est-à-dire l'ensemble des mesures qui rendent le travail à la fois possible et nécessaire pour tous ceux qui ne sauraient pas vivre sans lui ».

Il est important de garder en tête que la police, c'est avant tout un organe qui sert à maintenir possible le monde du travail. Sous l'Ancien Régime la société excluait du monde du travail la classe nobiliaire à laquelle il était interdit de travailler. Cela rendait difficile dans certaines circonstances la vie d'aristocrates désargentés, tout en laissant dans une enviable aisance un faible pourcentage de nobles privilégiés en contact direct avec le roi. Le problème ne se pose pas de la même manière dans la société française de la fin de XXe siècle et du début du XXIe siècle dans la mesure où les chômeurs n'appartiennent évidemment pas à un ordre noble, mais apparaissent au contraire comme des exclus. Parler de zone de non-droit en France, c'est-à-dire de zones où la police ne peut pas pénétrer ou agir normalement, c'est reconnaître qu'il y a un problème au sein du monde du travail français. La police est toujours liée à une forme de travail qui s'effectue légalement. Les zones de non-droit ou celles qu'on qualifie ainsi montrent bien une fracture interne au sein du monde du travail français. Ces zones suivent en réalité la logique néolibérale en excluant du monde du travail les personnes les moins adaptables et en mettant en place une forme de darwinisme économique vivant de la logique du « *s'adapter ou périr* ». De ce point de vue, c'est la logique d'exclusion qui s'impose. Ces zones ne posent un problème que du fait d'une certaine concentration de la pauvreté permettant aux activités illégales de prospérer.

La logique néolibérale conduit l'États français à admettre avec peine la présence d'une société civile vivant de manière autonome et se permettant de donner son opinion sur les politiques à suivre. Le problème reste toujours celui de favoriser un enrichissement dans le cadre d'une croissance perpétuelle. Cette orientation implique la recherche d'un certain niveau de vie optimal tendant à favoriser la paix sociale. La France est connue pour avoir une structure fortement administrée et recruter un grand nombre de fonctionnaires. Ces derniers disposent du privilège de la garantie de l'emploi, ce qui en période de chômage important n'est pas un argument négligeable. Cette masse de fonctionnaires est financée en partie par de la dette. Elle ne semble pas véritablement compressible et il n'est peut-être pas souhaitable qu'elle soit éliminée en tant que telle. Elle permet en effet par sa consommation de créer de l'activité dans le pays et de ce fait de le faire fonctionner. Il faut ajouter à cela le fait que les fonctionnaires restent fortement syndiqués étant peu susceptibles de perdre leur emploi. Ils sont de ce fait assez disposés à la lutte sociale. Cela est vu d'un mauvais œil par les tenants de l'ordre néolibéral.

C'est sans doute là que le bât blesse car l'État est contraint de financer ses fonctionnaires par la dette et de faire appel aux financiers. De ce fait sur les marchés internationaux les créanciers donnent leur avis en appréciant la valeur de la signature financière de l'État français. C'est là un des aspects de la mondialisation relevés par Habermas. Comme le remarque ce dernier, le medium de l'argent s'est substitué à celui du pouvoir et ce sont finalement les marchés qui sont devenus régulateurs en ordonnant de veiller aux comptes et de mettre fin aux types de politiques menées par les États-providence :

> « Car les bourses internationales se sont entre-temps chargées d'"évaluer" les politiques économiques nationales. C'est là une autre raison qui explique que toute politique de régulation de la demande produit des effets externes qui se répercutent de façon contre-productive sur le cycle de l'économie nationale. Le "keynésianisme dans un seul pays" n'est plus viable ».

En d'autres termes le financement et le fonctionnement de l'économie par de la dette sont fortement réprouvés par les marchés. Ceux-ci ne croient plus au multiplicateur d'investissement keynésien. Cette situation de débiteur structurel n'est pas compatible à long terme avec l'idée de *grandeur* dans la mesure où la souveraineté et l'autonomie du pays sont ainsi remises en cause par la mondialisation. Les États devenus obligés des marchés, n'ont plus la possibilité de leur imposer des règles internationales. Le problème des politiques de grandeur française se trouve dans la disproportion entre un marché mondial et une souveraineté locale. C'est cette manière d'essayer d'allier le local et le global qui constitue ce que Habermas appelle une « troisième voie ». Elle consiste à conjuguer à la fois les règles du marché et des organes qui s'occupent de lui comme les agences de notation et les règles de la démocratie. En d'autres termes, il s'agit de lier le caractère absolument inégalitaire du marché avec l'exigence égalitaire de la démocratie.

Il y a une grande part de tartufferie dans tout cela. Dès leur plus jeune âge, les enfants, qu'on ne soupçonnera pas d'avoir eu le temps de fortement développer un esprit critique, sont soumis à un matraquage publicitaire destiné à leur faire accepter sans discussion les règles de la société de consommation. Cette tendance est d'ailleurs pleinement reconnue par les classes les plus aisées du monde : les plus riches des Américains envoient leurs enfants dans des écoles où l'usage des téléphones portables est proscrit, ce qui montre de façon incontestable que ce genre d'instrument est considéré comme aliénant et néfaste pour l'autonomie de la pensée des jeunes enfants. Quoi qu'il en soit, les méthodes de conditionnement étant ce qu'elles sont et les classes de la population les plus conscientes des processus de normalisation en cours ayant pris leur parti, il n'est pas étonnant qu'elles se désintéressent de la politique et des commodités que celle-ci apporte en matière d'éducation.

Que l'éducation soit une marque de fierté et de grandeur de la France est incontestable. L'appellation de « *grandes* écoles » montre bien que le pays se targue d'établir un système méritocratique où ce sont les meilleurs élèves qui sont censés occuper les places les plus recherchées du pays. Ce système est étrange si on considère que la vie estudiantine est en décalage avec le monde réel du travail. Ce système générant de grandes inégalités, il a été critiqué de façon constante. À l'égalité revendiquée par la grandeur est venue s'opposer la réalité des inégalités en matière scolaire. De nombreuses études sont venues souligner ce point. Des sociologues comme Pierre Bourdieu, dans son ouvrage « Les héritiers », ou Raymond Boudon ont remarqué ce phénomène d'échec flagrant de l'école française à établir l'égalité, alors qu'elle clame sans cesse l'inverse. L'école faisant partie des manières étranges de légitimation des inégalités sociales, il n'est cependant pas anormal qu'elle reproduise la société dans ces inégalités et que les classes les plus huppées réussissent mieux que les autres dans une compétition méritocratique *a priori* ouverte, mais où les dés sont en réalité pipés. Les enfants des patrons du CAC 40 sont envoyés comme il se doit dans les prestigieuses facultés américaines qui sont très onéreuses. Dans un cadre mondialisé, ils sont ainsi les mieux formés pour perpétuer la domination économique et sociale de classes établies. Les grandes écoles françaises jouent par rapport aux universités de cette dimension en seconde division par rapport aux universités anglaises – Oxford, Cambridge, London School of Economics – ou américaines – Harvard, Stanford etc. Elles maintiennent cependant des inégalités écrasantes. Bénéficiant du langage propre aux concours d'admission, on y trouve de manière importante des enfants d'enseignants comme à Polytechnique ou à l'Ecole normale supérieure.

La notion de « capital humain » est depuis l'époque mercantiliste au cœur de la civilisation européenne comme le remarquait Michel Foucault. Si l'Europe a commencé à dominer le monde à partir du XVIIe siècle, cela tient certainement au fait que les élites européennes ont su faire prospérer ce capital humain. Les classes dominantes ont pris soin de leur enfant et les ont initiés aux méandres et aux mystères de la vie sociale. C'est ce qui explique que les enfants des familles bourgeoises soient restés relativement peu nombreux malgré les progrès qui avaient réduit de manière très importante la mortalité infantile. Si les enfants des familles bourgeoises et aisées ne devinrent pas plus nombreux, c'était du fait que celles-ci considéraient qu'avant de se multiplier, il fallait veiller sur le capital humain et faire en sorte que les enfants bénéficient de la meilleure éducation possible pour dominer dans le jeu social. Cette attitude s'est perpétuée et dans un article du 30 mai 2010 du journal Libération, on trouvait une dénonciation sans appel du fait que le jeu de la compétition scolaire était biaisé : ce sont les enfants d'enseignants, c'est-à-dire de ceux qui connaissent le mieux le système éducatif. L'article citait Agnès van Zanten, une sociologue travaillant sur la carte scolaire et qui expliquait ainsi les inégalités :

> « Les familles des classes populaires sont dépassées par ces stratégies. Il ne s'agit plus d'un héritage culturel et social, mais bien d'un investissement permanent. On s'est ainsi aperçu que presque aucun élève de classe prépa n'avait un parcours scolaire normal. Le système est en réalité très peu transparent. Et dans **l'opacité**, ceux qui sont à l'intérieur sont avantagés. Or ce sont les enseignants qui ont le capital social et interne le plus fort. La formule idéale est un père cadre sup et une mère enseignante ».

On voit donc de ce fait ce que peut être une société quelque peu hypocrite qui prétend à une égalité des chances, mais qui est sans doute incapable de l'assurer. Il est d'ailleurs probable que c'est l'ambition qui n'est pas tenable et qu'un enfant préparé dans des conditions idéales – mère professeur et père comprenant les problèmes mathématiques et culturels ardus – n'a aucun risque d'être supplanté par un élève des classes populaires ou moyennes moins informées à moins que celui-ci ne soit exceptionnellement brillant.

Ce qui nous intéresse avec ce constat assez banal, c'est que cette prétention méritocratique impossible à réaliser repose en réalité sur une logique néolibérale où ce sont les classes les plus aisées de la population qui ont la possibilité de bénéficier de l'enseignement meilleur. Il ne s'agit avec ce phénomène que de la copie de ce qu'on trouve aux États-Unis où les classes les plus huppées se partagent les places dans les meilleures universités américaines. Le fait que la plupart des présidents de la République récents sortent tous de la même école à savoir l'ENA montre bien comment la notion de « capital humain » est plutôt valorisée. Cela semble donc montrer que c'est la notion de « réseau » plus ou moins opaque qui prime. On retrouve au niveau scolaire ce que la société néolibérale crée à une échelle globale : une somme d'inégalités impossible à combler pour les classes populaires.

La question scolaire est en réalité liée à la question de l'initiative et la puissance de la France dans une compétition qui est maintenant mondiale.

Le problème général de la mondialisation est celui d'un éclatement de l'État-nation. Il s'agit ici d'adapter le travail au champ mondial. Le travailleur doit être flexible, adaptable et ne pas posséder d'identité culturelle forte de façon à pouvoir facilement le déplacer. Il importe dans ce contexte de voir que l'identité culturelle est aisément détruite par l'absence de développement d'esprit critique. Les enfants via internet et les différents dessins animés qui leur sont proposés sont par la même occasion confrontés à une publicité outrancière. Ils sont habitués dès leur plus jeune âge à accepter les règles du marché qui passent de la sorte pour parfaitement naturelles. Ce mouvement a été amorcé aux États-Unis avec l'émergence de la télévision pour les masses. La publicité diffusée dans un contexte de séduction vise à toute élimination de réflexion et d'esprit critique. Un certain nombre de mouvements citoyens comme la Résistance à l'agression publicitaire dénoncent ce genre de pratiques. On voit dans ces considérations comment s'applique la compréhension américaine du libéralisme et quelle est sa limite. Il s'agit d'un mouvement citoyen qui remet en cause la publicité et donc n'a aucune confiance en la société productrice de biens. Il y a donc ici une résistance contre la société civile et la tendance de cette dernière à vouloir la destruction de l'esprit critique. Il n'en demeure pas moins qu'ici encore il y a une différence avec le libéralisme américain puisqu'en France c'est à l'État qu'on demande de régler la justice et que c'est à lui qu'on accorde sa confiance. Mais, ce genre de mouvement est également en lutte contre l'État qui semble accorder une confiance à la publicité de grande ampleur. Ce phénomène apparemment anecdotique possède en réalité une ampleur capitale dans la définition culturelle de l'identité française.

Avec le tournant néolibéral, l'individu se comprend comme un consommateur travaillant et pouvant accéder aux ressources produites par la société. Son identité dans les autres domaines, qu'il s'agisse de l'identité religieuse, traitant des problèmes de la crainte et de l'espoir, due à sa condition d'être mortel, de l'identité citoyenne et politique, de l'identité sexuelle, est laissée plus ou moins vide et sans contenu. Elle ressortit à la liberté des différents individus. Pourtant il ne fait pas de doute que ces derniers genres d'identité sont fortement liés à un contexte culturel qu'on a tendance à faire disparaître. Les différentes formes d'athéisme qui sont revendiquées ou non par les individus traduisent d'ordinaire une forme complète de méconnaissance du phénomène religieux. Cette négation des formes d'identité autre que l'identité de consommateur conduit évidemment à poser le problème identitaire de façon forte. En effet, cette identité est une question très vide : celle du métro, boulot, dodo, celle de la recherche de l'enrichissement par l'argent comme unique horizon et celle de la belle maison et de la belle voiture comme unique horizon de l'existence humaine. Cette pauvreté étonnante de l'ambition des néolibéraux, le nihilisme inhérent à ce genre de pratique ne fait évidemment aucun doute. Il provoque naturellement des résistances fortes notamment de la part de ceux qui sont exclus par le système.

Il est assez simple pour un discours religieux de dénoncer ce type de vie. Ce fut traditionnellement le cas en France avec la critique du mauvais riche. Avec l'augmentation du niveau de vie et la richesse matérielle qui s'en est suivie, les églises se sont vidées et la pratique religieuse catholique s'est fortement affaiblie. Le « système » néolibéral produit donc, sous couvert de modernisation, une certaine indifférence de la population à la religion. De ce point de vue-là, il y a véritablement production d'une société athée ou sans religion au sens où il y a un rejet des croyances et rites religieux sous forme d'une indifférence complète. Ce qui fait mourir les religions n'est pas que Dieu soit mort, c'est le fait que les gens occupent autrement leur « temps libre ». L'importance de la société de divertissement est là. Il faut comprendre que le divertissement n'est pas la marge, mais le pivot même des doctrines néolibérales qui ne pourraient survivre longtemps sans un affaiblissement généralisé de l'esprit critique tel qu'il est produit dans ces conditions. L'effondrement des pratiques religieuses est difficile à compenser. Il suffit de rappeler les remarques de Mircea Eliade sur la nature religieuse de nombreuses institutions de l'État pour montrer que cette instance prétendument neutre du point de vue des croyances religieuses est en réalité puissamment investie par ces dernières. Tout le travail consiste alors à faire en sorte que celles-ci soient réappropriées, digérées, gommées pour que l'homme néolibéral, c'est-à-dire l'homme vide de sens en dehors de la consommation et qui ne voit de politique que dans la sauvegarde de la propriété, puisse s'affirmer contre toute alternative.

Ce qu'il s'agit de faire, c'est de produire une certaine typologie. Il faut créer le type de l'homme néolibéral : sorte de mouton abreuvé de novlangue surveillé par big brother parfaitement docile dans un mode de production dont il ne comprend pourtant, la plupart du temps, ni les tenants, ni les aboutissants. Le type de l'homme néolibéral, ce sont le calcul et la raison calculante, c'est-à-dire cet homme qui ne conçoit sa position dans le monde que dans l'exclusion de ce qui n'est pas calcul. L'exigence est celle de la rentabilité qui doit tout gagner, y compris la gestion des exclus.

L'ordre néolibéral doit ainsi réaliser deux mystifications : d'une part, faire croire qu'il est un ordre, tandis qu'il est, évidemment, une instauration d'un chaos et d'un désordre généralisé, d'autre part, faire croire qu'il est naturel et s'accomplit comme une sorte d'accomplissement de l'histoire. Il est sans doute nécessaire ici de renvoyer à la perspicacité d'un Michel Foucault pour montrer tout le caractère arbitraire de cette vision des choses. Analysant l'instauration du concept de société civile, il peut dire :

> « La société civile, c'est comme la folie, c'est comme la sexualité. C'est ce que j'appellerai des réalités de transaction, c'est-à-dire que c'est dans le jeu précisément et des relations de pouvoir et de ce qui sans cesse leur échappe, c'est de cela que naissent en quelque sorte à l'interface des gouvernants et des gouvernés, ces figures transactionnelles et transitoires qui, pour n'avoir pas existé de tout temps, n'en sont pas moins réelles et que l'on peut appeler en l'occurrence, la société civile, ailleurs la folie, etc. Société civile, donc, comme élément de la réalité transactionnelle qui me paraît tout à fait corrélative de cette forme même de technologie gouvernementale que l'on appelle le libéralisme, c'est-à-dire une technologie de gouvernement ayant pour objectif sa propre autolimitation dans la mesure où elle est indexée à la spécificité des processus économiques ».

L'apparition de ce qu'on peut appeler dans un cadre général la raison calculante conduit ainsi à la création d'une exclusion sous la forme du chômage ou de la folie. Le problème de la folie est tout à fait intéressant à regarder : d'une part parce que la folie, c'est ce qui est politiquement ingérable pour un pouvoir néolibéral. D'un côté, on a affaire à des hommes qui n'ont aucune rentabilité et qui ne peuvent en avoir. De l'autre, on ne peut pas véritablement les condamner d'un point de vue judiciaire ou moral puisqu'ils sont irresponsables de leur acte. La folie, c'est l'autre du néolibéralisme : ce dont on ne peut se glorifier et ce dont il faut tenir compte néanmoins. Il faut en tenir compte parce qu'il y a là toute une population dont on ne sait que faire, qui d'un point de vue économique ne sert à rien. La folie apparaît comme une forme de question ouverte au néolibéralisme. La question est que faisons-nous des fous ?

À cette question, la France avait répondu de manière diverse et variée. Le problème était de savoir de quoi relevait la folie. Michel Foucault remarquait qu'à la période révolutionnaire (c'est-à-dire à la fin du XVIIIe siècle), on liait deux problématiques :

> « Et pour la première fois dans l'histoire de l'Hôpital Général, on nomme aux infirmeries de Bicêtre, un homme qui a déjà acquis une certaine réputation dans la connaissance des maladies de l'esprit ; la désignation de Pinel prouve à elle seule que la présence des fous à Bicêtre est devenue déjà un problème médical.
>
> On ne peut douter cependant que c'était aussi un problème politique ».

Ce double aspect du problème fait que le monde politique a toujours cherché à se dédouaner en disant qu'il s'agissait de maladies impossibles à guérir, voire à soigner. De ce point de vue la folie est difficile à montrer : on la cache. On met les fous dans les asiles. Mais il semble également qu'on veuille faire de ce problème un problème sécuritaire. On observe ainsi une dérive de plus de vingt ans sur le problème. Cette dérive consiste à lier le problème de la folie à celui de la sécurité. Toute la difficulté tient dans le fait que les budgets alloués aux malades mentaux sont en pleine régression. La formation du personnel hospitalier est passée de quatre mille cinq-cents heures à huit-cents actuellement, ce qui réduit de manière drastique les compétences des gens en question. Le recours à des mesures fortement coercitives apparaît de ce fait comme une nécessité pour une institution qui ne dispose plus du savoir-faire pour gérer le problème. De ce fait, c'est dans une illusion sécuritaire que les politiques sont menées : les mesures d'enfermement avec les sangles sont présentées comme efficaces et bénéfiques pour les malades, alors qu'en Italie ou au Canada, les problèmes sont réglés, à ce qu'il semble, avec plus d'efficacité et de manière non coercitive avec des personnels mieux formés. L'illusion sécuritaire tient également dans la croyance fortement enracinée dans la population d'une dangerosité de la folie pour la société. Or cette assimilation des classes folles aux classes dangereuses est contredite par des statistiques qui montrent que les gens atteints de pathologie mentale représentent moins de 3 % des auteurs de crimes et délits, alors qu'en raison de leur fragilité dans la vie sociale, ils sont bien plus souvent victimes des crimes et délits que les autres tranches de la population. Il faut ajouter à cela que d'après une étude européenne de 2017, c'est 38 % de la population du continent qui sera amené une fois en sa vie au moins à fréquenter les hôpitaux psychiatriques.

Néanmoins conformément à la logique du cadre général de la Cinquième République qui est le cadre de l'empire perdu, il n'est pas anormal que le problème de la folie soit passé complètement sous silence. Lors de l'élection présidentielle de 2017, les finalistes furent un tenant de l' « ordre » néolibéral et une tenante de la France d'extrême-droite, même si cette dernière récuse ce terme. Ni eux, ni les autres candidats n'ont axé leur politique sur ce problème général de santé publique et de justice. Assez curieusement, c'est la candidate Marine Le Pen qui semblait la plus attachée aux problèmes des handicaps dans le débat de l'entre-deux-tours, tandis que le candidat Emmanuel Macron axait sa candidature sur sa capacité à redresser la France dans l'économie mondiale. Ce dernier avait naturellement partie gagnée. Il n'avait donc pas trop à présenter ce genre de problèmes. Pourtant il n'en demeure pas moins qu'il reste dans l'ignorance viscérale de ces difficultés. Formé dans les milieux de la haute finance et ayant une brève connaissance de la philosophie, il ne s'est évidemment pas lancé dans un débat qui posait la question de savoir si les politiques menées dans le pays ne risquaient pas de mener à l'exclusion plus d'un tiers de la population. Il a été élu avec une aisance relative même si le discours de son opposante avait pu séduire un peu plus d'un tiers des électeurs, ce qui n'est pas rien. La vision de l'économie chez le Président élu semble correspondre à une adaptation à la Mondialisation, ce qui signifie que les qualités qui sont le plus valorisées et les termes les plus employés sont ceux d'adaptation ou de flexibilité. De ce point de vue, c'est l'adaptation à un ordre néolibéral tel que l'avait défini Foucault qui prime.

Il est intéressant dans ce contexte de voir que le nouveau Président se présente comme le tenant d'un ordre jupitérien. La question qui se pose dans le cadre d'une mondialisation quelle que soit la signification qu'on donne à ce terme, c'est celui d'un style de présidence qui peut fortement varier d'une personnalité à une autre. Le Président Nicolas Sarkozy avait été décrit comme un « hyperprésident », formule qui laissait entendre qu'il ne laissait pas ses conseillers ni l'appareil d'État s'exprimer. Cette qualification était ainsi vue comme dépréciative. Ses adversaires laissaient entendre par là que le Président ne laissait pas la démocratie s'exprimer. Lors du débat de 2012, François Hollande, alors candidat opposa à cet « hyperprésident » que lui serait un Président « normal ». Cette normalité restait néanmoins assez vide et on ne sut pas si François Hollande avait été pris au dépourvu en opposant un qualificatif faible et sans réelle imagination ou au contraire si cette déclaration avait été mûrement réfléchie. Il ne faisait néanmoins pas de doute que l'adjectif « normal » s'opposait d'une certaine façon à l'idée de grandeur. Si on considère que la grandeur, dans le cadre de l'Empire Romain, c'était le propre du patriciat qui disait le droit et s'opposait à la plèbe qui existait de fait, Hollande se plaçait du côté de la plèbe. D'un point de vue rhétorique cela pouvait se comprendre dans la mesure où le président Sarkozy avait donné l'impression d'une certaine forme de décadence en se mariant avec une star de la jet-set et d'avoir affaibli considérablement l'image présidentielle. Le terme de normal restait assez creux et on ne savait pas à quoi correspondait cette forme de normalité qui était affichée. S'agissait-il de la prétention d'un homme de bon sens et débonnaire qui règlerait et administrerait correctement son pays ou bien s'agissait-il de l'activité d'un être mollasson qui ne prendrait que des décisions triviales ? Il va de soi qu'aucune de ses possibilités ne correspond à la réalité. Il est néanmoins certain que la fonction présidentielle s'entoure d'une certaine image et que celle-ci renvoie toujours à la notion de grandeur : soit le trop grand comme l'exprimait la critique de Nicolas Sarkozy en tant qu'« hyperprésident », soit en tant que négation de la grandeur comme présidence « normale ». Le dernier Président fraîchement élu choisit l'adjectif « jupitérien ». Cela peut paraître creux et inadapté à un contexte autre que celui de la Rome antique. Toutefois il ne fait pas de doute que la question avait été soigneusement préparée par le candidat Emmanuel Macron. Une fois élu Président, il théorisa dans quelques discours toute la part d'imaginaire et de symbolisme qui se joint nécessairement à la fonction présidentielle. Que le pouvoir soit une forme au sens de *Gestalt*, c'est-à-dire pour le dire de façon très condensée un tout qui est plus que la somme de ses parties, cela ne fait pas de doute. Le pouvoir appelle nécessairement une part d'imaginaire qu'il importe de maîtriser. Il n'en reste pas moins que l'adjectif jupitérien reste sibyllin et difficile à expliquer.

D'un point de vue plus général, le contexte de mondialisation implique une crise à l'intérieur de l'État-nation. La question de la fin de l'État providence, capable de s'occuper des populations les plus déshéritées, a été privilégiée par le néolibéralisme dont le combat a été essentiellement de mettre fin à toute politique de type keynésien. Dans ce contexte, la fin de l'État-nation implique une fin de l'idée même de grandeur ou de générosité. Pourtant il est impossible de tenir un tel discours inadapté à toute forme de politique. Il est nécessaire dans ce contexte de recréer un imaginaire de la grandeur. Cet imaginaire doit créer une fin sans équivoque et ne saurait conduire au discrédit absolu d'une fonction de l'État. Toute la question est dans ce cadre de savoir comment imaginaire et grandeur ont à composer dans le cadre d'une tension accrue des exigences économiques.

Grandeur et imaginaire :
entre le symbolisme et l'idéologie

L'idée de grandeur renvoie à un imaginaire. Elle renvoie à une certaine image de ce qu'est la France. Le terme d'image est peut-être plus approprié que celui d'idée employée par le général de Gaulle. Mais il ne s'agit là bien entendu que d'un problème de terminologie. Il n'en demeure pas moins que cette image ou idée possède son lot d'ambigüités. Ces ambigüités commandent cependant toute politique de la France. Il n'est pas de Président de la Cinquième République qui n'ait renvoyé d'une façon ou d'une autre à l'idée d'une certaine forme de Grandeur. C'est peut-être le destin de la Cinquième République d'être lié à cette idée. La Cinquième République consiste à tenir cette gageure de maintenir la Grandeur de la France malgré son statut de République de l'Empire perdu.

Encore faut-il s'entendre sur cette notion d'« Empire ». L'Empire, c'est une entité politique fondée sur le droit de la conquête. Le problème est que la conquête ne fait pas véritablement droit et qu'il a toujours été nécessaire de mettre fin à cette contradiction pour un pays qui prétendait fonder sa légitimité sur un état de droit. Faut-il néanmoins dire que l'Empire a disparu pour autant ? Toute l'ambiguïté conceptuelle est là. La France a fait disparaître son Empire, mais a maintenu une sorte de précarré là où cela lui était encore possible : ce fut le cas de ce qu'on a appelé la « Françafrique ». Celle-ci n'est pas simplement une réalité. Elle est également le lieu de tous les fantasmes : fantasmes de dominations économique et politique qui ne s'avouent pas eux-mêmes. Cet exemple montre en tout état de cause que la France va nécessairement de pair avec un imaginaire qui tourne autour de l'idéologie.

Le terme « idéologie » n'est pas ici à comprendre de façon nécessairement péjorative. L'idéologie est peut-être une nécessité dont on ne saurait se départir. Vouloir la supprimer est un idéal vain et mensonger. Le philosophe Paul Ricœur fait ainsi remarquer que derrière toute critique de l'idéologie, il y a peut-être un Napoléon qui se cache. Cela ne signifie pas cependant que l'idéologie ne doive pas être critiquée. Cela signifie qu'elle doit être d'abord acceptée comme nécessité et soumise seulement ensuite à la critique de l'entendement.

Que faut-il entendre par idéologie ? Comme le signalait Paul Ricœur, le terme renvoie pour nous d'abord à ce que Karl Marx en disait : c'est l'image renversée de la chambre obscure. Les hommes qui agissent ne le font jamais sans se donner une image déformée de leur praxis et cet imaginaire qui se dégage, c'est l'idéologie. D'un point de vue marxiste, l'idéologie est donc une forme falsifiée de la vie réelle et une forme fausse des rapports économiques. On peut alors se demander s'il est possible de rétablir la vérité. C'est ce pari qui a été tenté avec l'établissement des régimes communistes. Depuis l'effondrement de l'URSS, on sait cependant la difficulté de ce projet. Ce sont les régimes communistes qui ont voulu opposer l'idéologie (pleinement fausse et mensongère) et la science qui exprimerait la réalité des rapports humains. La question est alors de savoir pourquoi les régimes se sont effondrés : est-ce parce que les régimes avaient eux-mêmes cédé à une part de mensonge et avait dissimulé la vérité à leurs populations ou bien est-ce parce que la part d'imaginaire propre à toute société ne saurait être éliminée. D'après Paul Ricœur, l'opposition de l'idéologie et de la science n'appartient pas à la pensée du premier Marx. Elle ne vient qu'après. De la même manière qu'on ne peut pas faire disparaître son ombre même si celle-ci ne renvoie à rien de tangible, il n'est pas possible de faire disparaître un imaginaire que la société renvoie. Mais faut-il dire de ce fait que toute société comporte pour cette raison sa part de mensonge et donc sa part de culpabilité ? C'est d'une certaine manière ce qui se passe. On ne cesse, essentiellement dans les classes dominantes de dire qu'il faut en cesser avec la culpabilité. Pourtant la dimension de falsification est bien présente dans toute image qu'une société se donne d'elle-même. Cela ne signifie pas que la dimension de falsification soit la seule dimension de l'idéologie. Une idéologie, comme le montre Paul Ricœur, ce n'est pas simplement une image fausse. C'est aussi une image que la société se donne d'elle-même pour se comprendre. Qu'il y ait de la falsification dans l'idéologie, cela n'en constitue pas la fonction principale. C'est en effet en termes de fonction et non pas en termes de falsification déformante qu'il faut penser l'idéologie. La falsification est une des fonctions de l'idéologie. Ce n'est toutefois pas la première d'entre elles, ni la fonction génératrice. La falsification apparaît comme la pathologie de l'imaginaire. Il importe également d'en dégager les dimensions saines.

Ces dimensions saines, en quoi consistent-elles ? On peut remarquer qu'elles tiennent à la nature de l'action politique. Dans l'action politique, on ne peut avoir affaire au même type de discours que dans celui des sciences. Les sciences dites « dures », comme la science physique ou les mathématiques, disent des vérités qui sont nécessaires. Dans l'action politique, on traite d'une certaine forme de contingence. C'est ce que reconnaît d'ailleurs le régime démocratique qui montre bien qu'une pluralité de choix politiques est possible, et où on doit reconnaître que l'autre peut avoir raison, même si on refuse son point de vue. Cet état de fait implique ainsi de passer par ce qu'on appelle la « médiation symbolique » et de ne considérer les idées (pseudo) universelles que sous l'angle de la rhétorique. La rhétorique reste une puissance trompeuse en un sens. Elle vise la persuasion, c'est-à-dire aussi une forme de la séduction. Elle reste cependant un horizon indépassable dans le cadre du discours politique. Nous savons certes depuis l'Antiquité que les tyrans s'entourent toujours de sophistes. Mais nous savons également qu'il ne peut y avoir imposition d'un ordre non violent qu'au travers d'une forme acceptée d'arguments qui visent à la persuasion. Le pouvoir exerce donc une revendication en la légitimité. C'est sans doute ici que l'enseignement de l'histoire à l'école semble avoir toute sa fonction. Enseigner l'histoire ne consiste pas seulement à enseigner des faits. Cela consiste également à enseigner une histoire qui légitime l'ordre politique présent. Ici le mythe de la Révolution française de 1789 sert essentiellement dans une légitimation de l'ordre dit « républicain ». Celui-ci se dit politiquement ouvert par rapport à l'ordre fermé de l'Ancien Régime. Mais il ne peut le faire qu'à partir d'un certain nombre d'artifices rhétoriques qui gomment, par exemple, le fait de l'Empire napoléonien, de la Restauration, du Second Empire ou de toutes les tendances oligarchiques qui ont émaillé la vie de la Troisième République. Cela ne signifie pas que cette histoire soit fausse. Cela signifie seulement que ce n'est qu'au travers d'une structure qui incite à l'imaginaire de se déployer que l'enseignement de cette matière est conduit. Ce grand discours s'accompagne toujours d'une structure et d'un discours symbolique : une devise, des figures comme Marianne qui sont mythiques et le mythe des grands hommes : Georges Clémenceau, Léon Blum, le général de Gaulle, par exemple. Dans ce cadre-là, le concept de grandeur apparait comme éminemment formateur. Même une figure comme Napoléon qui pourrait passer pour celle d'un tyran autoritaire et dont le philosophe Nietzsche dira qu'elle est la dernière grande figure de la Résistance à l'ordre nouveau, garde toute son autorité du fait qu'il a lié la France à une sorte de grandeur. On voit bien, au travers de tels exemples comment tout processus de légitimation historique implique dans le même temps un côté fallacieux. C'est à la fois la force et la faiblesse de la rhétorique.

Tout processus de légitimation du pouvoir par lui-même conduit nécessairement à une forme de demi-mensonge. L'idée de grandeur est une composante essentielle de cet imaginaire. Il sert à la fois la non-violence et la cohésion de la nation. La rhétorique permet d'imposer une forme d'autorité sans recourir à la violence pure et brute. Si on parle de violence, ce n'est que par le détour d'une violence symbolique. Cela signifie de ce fait que l'idéologie dépasse la simple exploitation par la force pour obtenir une forme de paix sociale. Cette fonction de légitimation n'est cependant pas la dernière. On doit encore y ajouter une fonction plus profonde qui est celle de la structuration de l'espace social lui-même. C'est ce que Paul Ricœur appelle la « fonction d'intégration ». Cette fonction est absolument structurante pour le corps social. Elle possède néanmoins son lot de difficultés conceptuelles et historiques comme nous allons le montrer. L'exemple que Paul Ricœur donne pour illustrer cette fonction de l'idéologie est celui des commémorations mémorielles. Le philosophe explique ainsi sa position :

« Mais, si nous ne pouvons engendrer le phénomène d'autorité, nous pouvons comprendre sur quelles bases plus profondes il repose. Et c'est là qu'un troisième niveau plus profond du phénomène idéologique se découvre. Sa fonction, me semble-t-il, est une fonction d'intégration, plus fondamentale encore que la fonction précédente de légitimation et, à plus forte raison, que celle de dissimulation. Afin de faire comprendre de quoi il s'agit, je partirai d'un usage particulier de l'idéologie où sa fonction d'intégration est évidente. Il s'agit des cérémonies commémoratives grâce auxquelles une communauté quelconque réactualise en quelque sorte les événements qu'elle considère comme fondateur de sa propre identité ; Il s'agit donc là d'une structure symbolique de la mémoire sociale ».

La fonction d'intégration de l'idéologie pose simplement la question de l'identité de la France. Cette identité est une identité collective et mémorielle. L'une des difficultés actuelles de l'identité française tient sans doute dans son décalage entre les cultures. Les vétérans de la Première Guerre mondiale n'existent plus. Ceux de la Deuxième Guerre mondiale se font naturellement plus rares. Cela signifie qu'un cadre structurant de la nation a disparu. Cet élément avait sans doute son importance dans la mesure où cette mémoire collective qui se construisait au travers du grand récit de la France résistante qui avait chassé l'Allemagne nazie faisait appartenir le pays à l'ordre des vainqueurs et donnait à la conscience de ce pays une certaine forme de grandeur. Mais cette image stable et durable du pays a tendance à disparaître avec le temps qui passe. Elle ne saurait être durablement remplacée par une victoire à la coupe du monde de football comme en 1998. Les événements sportifs ont certes l'avantage d'être considérablement moins meurtriers que les guerres et d'une certaine façon, ils obtiennent un résultat semblable. Les célébrations de juillet 1998 à Paris n'ont pas manqué d'être comparées à celles d'août 1944. Mais le parallèle s'arrête sans doute là et on voit mal comment le poursuivre sans une forme d'indécence. Si on suppose qu'il y a eu une douleur dans le suspense des matchs de 1998, on peut difficilement admettre que cela soit comparable au fait et à l'humiliation des événements de 1940. Une victoire sportive reste un événement court, mais peu structurant. On ne peut constituer un imaginaire propre à construire une République avec cela. Il en va naturellement tout autrement de la Deuxième Guerre mondiale.

Cette courte analyse conceptuelle du phénomène de l'idéologie permet de voir en tout état de cause que l'identité d'une société se donne toujours sous la forme de l'image stable et durable. Elle est liée à une idée de grandeur. Celle-ci consiste d'abord à montrer une stabilité dans les épreuves possibles à venir. Comme on le sait cette idée de grandeur fonctionna de façon structurante avec le général de Gaulle. Celui-ci incarnait l'idée de résistance, de la négation de l'effondrement du pays. Il portait avec lui un certain héroïsme. Il pouvait de ce fait assurer la cohésion d'un pays qui menaçait fortement de se diviser, voire de se désagréger avec la fin de son Empire. L'image qu'il renvoya fut celle d'un homme capable d'assurer la continuité de la nation malgré la perte d'un élément qui constituait son identité pendant plus d'un siècle : un Empire qui n'était pas simplement vu et compris comme une forme de domination, mais également comme une forme de lumière capable d'élever des peuples moins avancés. Naturellement une telle image est fortement contestable et participe d'une idéologie au sens que lui donne Paul Ricœur, c'est-à-dire une forme de compréhension de soi qui appartient à l'imaginaire pour le meilleur et pour le pire. Le problème de la République gaullienne fut de perdre l'Empire, et il ne fait pas de doute que la perte de l'Indochine et de l'Algérie quelques années plus tard fut comprise comme une forme de perte par une partie de la population tout en maintenant une forme de souveraineté et d'autonomie au niveau mondial. La question fut celle de perdre sans tomber dans une forme de vassalité par rapport à l'ogre américain. Comme on le sait cette attitude fut élevée au rang de modèle et beaucoup d'hommes politiques se réclamèrent du gaullisme. Le gaullisme fonctionne donc comme une forme d'idéologie au sens que nous avons donné plus haut. Il sert à la fois de méthode d'intégration et d'identification. Il comporte également sa part de déformation qu'on ne saurait éluder. Il paraît difficilement contestable qu'il y a une bonne part de posture dans l'attitude du général. Il devint au fur et à mesure de son exercice du pouvoir un certain comédien, capable de prendre distance avec soi-même. C'est ce qu'on put voir avec un certain nombre de déclarations restées célèbres. Dans ses Mémoires de guerre, il déclara que « La France ne peut être la France sans la grandeur ». Ce genre de déclaration est sans doute épique, mais ne peut avoir de signification qu'en s'incarnant. D'une certaine façon chaque Président a essayé de l'incarner. Il est vrai que chacun se heurtait à une autre déclaration du général qui déclarait en mars 1964 que « La politique la plus coûteuse, la plus ruineuse, c'est d'être petit ». La question de la grandeur a toujours tourné autour du problème de l'identité. L'alternative que certains qualifieront de manichéenne entre le grand et le petit a sans doute fait que tous les Présidents devaient se conformer à cette exigence de grandeur, même s'il était difficile de lui donner un contenu concret. C'est que l'idéologie devait également affronter une certaine forme de réalité. Et il est indéniable que si on doit accepter l'idéologie comme une composante constitutive de toute société, on ne peut néanmoins pas ne pas la soumettre à une forme d'esprit critique.

Pour un pays qui se veut à la fois républicain et démocratique, la vie de l'esprit critique reste une exigence aussi grande que celle de la grandeur. Or, l'esprit critique a toujours vécu en France sous la Cinquième République. L'un des exemples les plus fameux de cet esprit critique fut à mettre à l'actif de François Mitterrand, qui publia en 1964, *Le coup d'État permanent*. L'ouvrage s'en prenait ouvertement à la personnalisation du pouvoir du général qui était accusé de concentrer tous les pouvoirs sans laisser de parole au Parlement. L'effet indésirable qui fut alors montré du doigt était la montée d'une bureaucratie qui agissait sans avoir été préalablement élue. Ce caractère technocratique du fonctionnement du pouvoir fut alors vilipendé dans la mesure où il enfermait la politique dans ce qu'elle n'était pas. Technocratique, la politique n'est pas une libre décision des hommes. Elle devient un ensemble calcul d'avantages et d'inconvénients menés par des hommes qu'on appelle « Corps d'État » quand on le regarde avec bienveillance ou bureaucratie quand on le regarde avec moins de condescendance. C'est à ce type d'hommes que la rhétorique de la grandeur s'adresse en premier lieu. Toutes les remises de décorations et de formes de reconnaissance du mérite accordées par l'État participent de ces manières de faire. Elle fonctionne, comme nous l'avons dit de manière idéologique en assumant au moins la fonction d'intégration et d'identification. On est ainsi intégré au corps des membres de la Légion d'honneur. La seule question qui peut se poser dans certains cas est de savoir si la fonction pathologique de l'idéologie, à savoir celle de miroir déformant de la réalité, ne tient pas aussi, dans ce cas, un rôle important. Le problème posé par François Mitterrand sera un problème qui continuera tout au long de la Cinquième République en réalité.

La forme de l'esprit critique ne se limitera pas à celle des essais plus ou moins brillants écrits par tel ou tel homme politique. Il tient également à des formes d'expressions supposées moins nobles liées à la sphère des médias et des journalistes. Le journal, Le Canard enchaîné a pu jouer une partie de ce rôle d'esprit critique. On peut également citer, à titre d'exemple Le Bébête Show dans les années 1980 et 1990 ou Les Guignols de l'info qui reprirent le flambeau de la critique du champ politique par marionnettes interposées. L'aspect parodique de ce genre d'émissions ne fait aucun doute. De même, l'aspect critique si de prime abord il ne s'agit pas de critique sérieuse, est également présent. Sans jouer un rôle décisif dans l'élection de Jacques Chirac en 1995, cette dernière émission contribua à conforter l'élan en faveur du futur Président. Il est remarquable à cet égard que le président Chirac soit présenté comme un homme avec ses faiblesses et une certaine naïveté. Même s'il y a une sorte d'inégalité de traitement entre les Présidents puisque François Mitterrand pourtant critiqué est présenté sous un jour plus honorable que ses successeurs Jacques Chirac, Nicolas Sarkozy ou François Hollande, il est certain que le fait de présenter le chef de l'État sous un aspect profondément humain avec ses faiblesses personnelles, a une tendance évidente à réduire le prestige de sa fonction officielle. Par la même occasion, c'est l'idée même de la grandeur de l'État qui se trouve affaiblie. Jacques Chirac qu'on avait interrogé sur le phénomène qui, au moment de l'élection de 1995 atteignait son apogée, avait souhaité qu'il continue. Ce calcul fut naturellement juste dans la perspective d'une victoire à l'élection : cela donnait l'impression qu'il laissait la liberté de parole à un corps qui aurait le droit de le critiquer et qu'il aurait su mettre une certaine distance entre lui et la représentation qu'on pouvait se faire de lui. Cependant cela créait par la même occasion un certain malaise avec l'idée de grandeur. Celle-ci est en effet toujours affaire de représentation.

Comme nous l'avons déjà signalé, François Mitterrand avait déclaré qu'il serait le dernier des grands Présidents. On peut néanmoins soumettre cette idée à une certaine critique. La décision d'abolir la peine de mort en 1981 fut certainement une des dernières grandes décisions de type politique qui furent proposées au cours des trente dernières années. La seule décision qui puisse avoir un retentissement aussi fort est peut-être celle du mariage pour tous proposée par le président Hollande. Dans un cas on touche de manière fondamentale au droit de punir, dans l'autre au droit fondamental de la famille. Dans les deux cas, on engage de façon fondamentale les rapports de la société et de l'État. Cependant en dehors de cette décision purement politique, on a pu également voir une certaine limite de la politique mitterrandienne. Le tournant de la rigueur de 1983 montra que la France n'était certainement pas autonome dans sa politique économique. Dans un autre domaine la première guerre du Golfe persique a pu également donner le signe d'un pays plus ou moins vassal des États-Unis d'Amérique. L'opposition des communistes, mais également de l'extrême-droite à l'intervention française en Irak fit porter le débat sur l'indépendance de la France. De ce point de vue la question de la grandeur ou de l'allégeance se posa dans un contexte où le pays se voyait de plus en plus comme un pays plus ou moins déclassé.

Ce déclassement pouvait être vécu comme tel dans la mesure où il s'appuyait sur une situation économique délicate en raison de la dette publique croissante. C'est en raison de cette dette que les décisions purement politiques de la France se faisaient de plus en plus rares et que les gestionnaires prirent la place des hommes politiques plus ou moins purs. La question du chômage qui apparaît comme essentielle, pouvait également dans ce contexte, être réduite au niveau d'une simple variable d'ajustement économique et social. Ainsi que nous l'avons précédemment rapporté, dans une optique néolibérale, le chômeur n'est jamais qu'un travailleur en transit vers une activité plus rentable. Or c'est cette question que les politiques prétendent régler en priorité. Les solutions proposées sont d'ordinaire technocratiques et liées à des réformes du droit du travail. Elles n'ont que rarement contribué à améliorer la situation. Peut-être faut-il admettre l'idée d'une forme de darwinisme social qui n'est pas assumée politiquement par le pays (parce qu'en réalité une telle théorie est parfaitement inavouable dans un État qui a l'égalité comme référence dans sa devise), mais qui est plus ou moins effective dans les faits. En tout état de cause, le chômage est vu comme une sorte de honte pour un pays qui se réclame d'une sorte de grandeur, mais qui ne trompe personne sur le plan international.

C'est sans doute ce qu'on a pu voir en 2003 avec la tentative d'affirmation de la France à la tribune de l'ONU. À la suite des attentats du 11 septembre 2001 qui avaient ébranlé les opinions publiques mondiales, la politique suivie par les États-Unis d'Amérique avait été une politique de lutte contre le terrorisme. L'analyse présentée était que l'Irak avait une part importante dans la formation du terrorisme et que ce pays était capable, par ailleurs de produire des armes de destruction massive. La France par la voix de son ministre des Affaires étrangères, Dominique de Villepin avait menacé d'utiliser son droit de veto en cas de proposition américaine de s'attaquer à l'Irak. Les analyses françaises qui s'avérèrent d'ailleurs justes indiquaient qu'il n'y avait pas de telles armes en Irak et que son dirigeant Saddam Hussein n'était pas lié au mouvement terroriste al Qaida. En disant cela, nous nous en tenons aux faits. Ceux-ci marquèrent d'une certaine manière une forme de grandeur de la France. Cependant, ils montrèrent également une grande limite de la puissance du pays. En premier lieu, il était devenu clair que la France avait fait le premier pas d'une politique alternative à celle proposée par l'hyperpuissance américaine. Cependant elle était incapable de faire le second pas. Elle ne proposait pas d'autres alliances possibles avec la Chine ou la Russie par exemple. Elle avait été capable d'enrayer un processus juridique, à savoir la légalisation de la guerre en Irak. Elle n'avait pas été en mesure d'imposer de nouvelles normes. Dans ce cadre-là les sanctions économiques imposées par la population américaine pesèrent sans doute peu. En revanche, la puissance de l'économie américaine dans le monde lui permit certainement de garder des alliés et de pouvoir imposer son ordre. La guerre fut déclarée même si elle fut illégale au regard des règles de l'ONU. Elle conduisit à une sorte d'effondrement du Moyen-Orient qui fut par la suite suivi par une apparition des printemps arabes. Dans ce contexte l'émergence d'une entité monstrueuse comme l'État islamique fut rendue possible. Celui-ci pouvait certainement être vu comme une réponse extrêmement violente des populations sunnites irakiennes et syriennes à un renversement qui favorisait les populations chiites. Dans ce contexte la France ne put jamais être un opérateur majeur. Elle aurait sans doute pu avoir un rôle stabilisateur si elle avait réussi à créer un mouvement d'entraînement en 2003. La France s'affiche certes comme un pays visant une forme de grandeur, mais dans le même temps elle peut être vue comme un pays arrogant qui ne traite pas les autres pays sous une forme d'égalité.

Il semble tout à fait possible de dire que la France n'a plus les moyens de faire croire à cette grandeur. C'est d'une certaine façon ce qu'on peut voir avec les politiques européennes. Depuis le général de Gaulle les rapports de force et la géographie ont changé. Alors que la France était au centre de l'espace géographique des pays fondateurs et qu'elle avait encore accru cette position avec l'intégration de l'Espagne et du Portugal, elle s'est soudain trouvée presque marginalisée à l'ouest avec l'intégration des pays d'Europe de l'Est. L'Allemagne au contraire a, avec ces changements, considérablement augmenté sa puissance : à la fois linguistique, mais également économique ? Désormais, c'est elle qui est au centre de l'échiquier européen. Il est de bon ton de considérer qu'il y a en Europe un couple franco-allemand et que l'Europe ne peut fonctionner que lorsque les deux membres du couple s'entendent. Toutefois il est évident que les rapports de force sont de plus en plus défavorables à la France. Alors que le général de Gaulle pouvait facilement s'entendre, mais également imposer ses vues à un chancelier Adenauer à la tête d'une Allemagne de l'Ouest en phase de reconstruction sous contrôle des quatre grandes puissances, il n'en va probablement plus de même entre le président Emmanuel Macron et la chancelière Angela Merkel dans le contexte politique et économique de l'après-URSS.

La dynamique et la rhétorique de la Grandeur ont bien changé. Cela hypothèque l'avenir même si le discours du nouveau Président se veut un discours de Grandeur. La référence quelque peu étrange au dieu Jupiter, si elle doit s'expliquer, ne peut l'être que dans le cadre d'une pensée de la Grandeur. Le président Macron déclare le 24 août 2017 à Bucarest « Le pays est prêt pour mener un projet plus grand que soi » « La France n'est elle-même que quand elle mène des combats qui sont plus grands qu'elle. Se réformer pour ressembler aux autres, se réformer pour répondre à un chiffre, à une contrainte…. Notre pays n'est pas fait ainsi. Par contre, se transformer en profondeur, pour retrouver le destin qui est le sien, la capacité à emmener l'Europe vers de nouveaux projets (…) ça c'est un combat »

Si l'idéologie est avec l'utopie une manière de comprendre la réalité sociale au travers d'un imaginaire, on peut remarquer que les trois présidents Nicolas Sarkozy, François Hollande et Emmanuel Macron ont eu trois façons particulières de faire jouer cet imaginaire. Il est apparu de manière assez évidente lors de la campagne pour l'élection de 2007 que la question de la grandeur était un enjeu, mais qu'il fallait également savoir comment l'interpréter. Pour des raisons internes à la psychologie des acteurs du RPR qui est devenu l'UMP à l'époque, la lutte pour le pouvoir prit une férocité rarement atteinte. À la suite des élections de 1995 où Nicolas Sarkozy avait soutenu Édouard Balladur, candidat finalement défait, Jacques Chirac avait probablement nourri une certaine animosité contre ce premier. Celui-ci pouvait être considéré comme une sorte de traître. De fait, il ne joua aucun rôle apparent lors de la première présidence de Jacques Chirac. Cela s'expliquait naturellement par des raisons structurelles puisque la période de cohabitation empêchait la droite classique à laquelle Nicolas Sarkozy appartenait de jouer un rôle en pleine lumière. La surprise de l'élection de 2002 où le candidat Front national se trouva au second tour, ce qui montrait qu'il constituait incontestablement une force politique du pays, impliqua de faire pencher une politique vers la droite tout en se préservant de son extrême. C'est dans ce contexte que Nicolas Sarkozy fit son retour. Il servit certainement à pouvoir séduire un électorat qui commençait à compter. Dans ce contexte il voulut donner en tant que ministre de l'Intérieur l'impression d'être un ministre très actif, y compris sur des thèmes qui ne relevaient pas nécessairement de la vie politique. On vit ainsi dans les médias un homme proclamant sa passion pour la course à pied. L'image que celui qui était alors ministre de l'Intérieur fut celle d'un homme dynamique et sportif. Cette histoire plus ou moins anecdotique prit un tour comique le jour où un autre candidat sérieux à la succession de Jacques Chirac, à savoir Dominique de Villepin lui proposa de l'accompagner dans son footing. Une maladie opportune se déclara chez le ministre de l'Intérieur qui dut renoncer à sa course à pied.

Le combat électoral entre deux membres de l'UMP à savoir Dominique de Villepin et Nicolas Sarkozy se déroula sur la question d'incarner la Grandeur de la France. Sur bien des aspects Dominique de Villepin semblait avoir l'avantage. Homme de combat, diplômé de l'Ecole nationale d'administration, ministre des Affaires étrangères sous le feu des projecteurs lorsqu'il annonça que la France opposerait un veto en cas de proposition américaine de résolution pour une guerre en Irak, il avait par bien des aspects tous les attributs de la Grandeur. On pouvait ajouter à cela d'incontestables qualités d'expression et un amour non feint pour la littérature. Son physique élancé ne le desservait pas non plus. Cependant, malgré ses handicaps dans tous les domaines précédemment cités, Nicolas Sarkozy parvint à mettre à terre son adversaire et à imposer sa candidature au nom de l'UMP. Le paradoxe apparent s'explique sans doute par une analyse plus fine de la société française et une capacité à mieux manœuvrer dans certaines affaires. Ainsi Dominique de Villepin ne vit pas que le remaniement du Code du travail voulu par le contrat première embauche qu'il portait créerait une vive résistance dans la société française. Jacques Chirac en raison de la résistance sociale créée par le projet fut contraint de renoncer à sa mise en application. Cet épisode contribua certainement à la victoire de Nicolas Sarkozy dans l'investiture à une candidature UMP. Dominique de Villepin portait probablement d'une certaine manière, une forme de gaullisme en tant que ministre des Affaires étrangères. Il ne vit pas que cette forme de grandeur appartenait peut-être à une autre époque. D'une part, la France ne fut pas véritablement capable d'assumer une politique d'opposition franche aux Américains, d'autre part, il semblait que le corps électoral français s'occupait plus des affaires intérieures du pays que de sa politique étrangère. Le prestige de Dominique de Villepin existait bien. Il semblait cependant plus être un prestige de salon parisien que d'un prestige touchant la France dans son ensemble. Le concept de grandeur de la France et de la force d'entraînement qu'il portait s'était atténué. À la grandeur, les Français préférèrent le dynamisme et l'action, quand bien même elle serait incarnée par un homme qui était critiquable sur bien des points.

Nicolas Sarkozy ne fut pas considéré comme un Président de la grandeur même s'il se réclamait de ce concept en tant que dépassement de sa propre personne. Un certain nombre de postures firent obstacle à cette image. En premier lieu, le Président dut faire face à une crise financière catastrophique en 2008. S'il prit probablement toutes les mesures utiles pour limiter l'ampleur de la crise, il ne put échapper aux dégâts provoqués sur les mécanismes de l'économie globale. Le contexte était de ce fait défavorable. En politique étrangère des initiatives malheureuses conduisirent à une forte dégradation de l'image présidentielle. Les liens entre le Président français et le chef d'État libyen Muammar Kadhafi furent étonnants. Reçu en 2007 à Paris, le colonel libyen sera finalement assassiné en octobre 2011, lors de l'intervention française dans la révolte libyenne faisant suite au printemps arabe. Les circonstances de sa mort restent assez floues. Parmi les hypothèses avancées, il y a la possibilité que ce soit un Français qui soit à l'origine du coup fatal. Ce dernier détail revêt une importance car certaines personnes avaient mis en cause le financement de la campagne de Nicolas Sarkozy en 2007 comme ayant bénéficié d'argent d'origine libyenne. Quoi qu'il en soit de la vérité de cette affaire, il ne fait pas de doute qu'elle porte un coup fatal à l'idée de grandeur. Selon un mot répandu : on n'imagine pas le général de Gaulle mis en examen. La population française n'a eu aucun mal à imaginer qu'un tel sort puisse être réservé à Nicolas Sarkozy. Cette évolution montrait que l'autorité du chef de l'État avait grandement perdu de son prestige.

Dans ce contexte, François Hollande alors candidat avait déclaré vouloir être un « Président normal ». Le creux rhétorique de cette déclaration, souvent évoquée par les médias, banalise la fonction présidentielle. Le manque de volonté et d'ambition répondait sans doute à une certaine perte d'image de la grandeur. C'est comme si le diagnostic suivant avait été tiré : « Les Français ne s'intéressent plus à la grandeur du pays, et bien soit ! Tenons ce pari jusqu'à son terme ». Ce fut probablement un mauvais calcul. François Hollande resta le Président le plus mal aimé de la Cinquième République. Il liera son destin politique à l'inversion de la courbe du chômage, c'est-à-dire à une question purement économique sur laquelle les décisions politiques de fond n'ont aucun effet. Ironiquement, la popularité du Président ne s'éleva qu'avec des événements qu'il n'avait certainement pas espérés : les attentats terroristes de Charlie Hebdo et du Bataclan. Dans les deux cas, ce sont des agressions du pays tout entier par des forces à la fois étrangères et françaises. C'est encore en opposition au sang versé et à l'agression physique que le chef charismatique émerge auréolé dans un costume de grandeur. Cela met peut-être en évidence qu'en matière de politique la grandeur reste disponible et réapparaît devant le danger. Elle ne trouve jamais complètement sa source dans le domaine économique.

François Hollande ne parvint pas à inverser la courbe du chômage, sans doute parce qu'aucune politique ne peut y parvenir dans un contexte de mondialisation néolibérale, sauf à proposer des emplois précaires. Il dut ainsi renoncer à se représenter. Il est probable que cette volonté déclarée de ne pas assumer une forme de grandeur pour la France, joua un rôle non négligeable dans cet échec. Le nouveau président Macron comprit l'erreur de François Hollande et déclara que sa présidence serait jupitérienne.

Cette déclaration apparaît bien sibylline cependant. Elle s'explique sans doute par la volonté de ne pas nier la grandeur comme un élément structurant du pays. Cependant la référence à un dieu de l'Antiquité romaine est assez mystérieuse. Elle laisse possible une interprétation donnant un caractère impérialiste à la déclaration. Néanmoins, l'Empire fondé sur le droit de conquête par la force militaire ou économique n'est pas une option possible pour la France contemporaine. Cette posture ne peut être revendiquée sérieusement. La phrase restera cependant et tout comme la « Présidence normale » de François Hollande, elle sera probablement constamment répétée dans les commentaires. On peut se demander si dans ce cadre, elle ne risque pas de desservir les projets de la France qui, clamant sa grandeur, a pu apparaître au cours de son histoire comme arrogante dans ses relations internationales. On peut se demander comment une politique européenne de la France, politique qui est affichée comme un des objectifs prioritaires du Président, va pouvoir se développer avec un Président qui se réclame de Jupiter. La prétention à être un Président jupitérien conduit à bien des équivoques. On ne sait ce qu'il a voulu dire. On ne peut pas véritablement savoir s'il prenait sa propre parole au sérieux ou s'il se moquait. Cela n'a pas véritablement d'importance. Mais ce côté anecdotique met tout de même en avant un point : la grandeur est saisie comme une part importante de la manière dont l'État structure la société sous la Cinquième République. Si la Quatrième République passe pour une République de la petitesse en raison de sa nature parlementaire, la République présente s'est construite par effet de contraste sur la grandeur. S'agit-il d'un simple effet rhétorique ? S'agit-il de conviction sincère ? Et si tel est le cas, la France a-t-elle les moyens de sa sincérité ? On ne peut achever cet essai que sur ces questions qui soulignent à la fois la vanité d'une posture, mais également la nécessité d'un orgueil pour maintenir vivante cette réalité difficile à cerner qu'on nomme la France.

Épilogue

Tous les Présidents de la Cinquième République se sont réclamés, d'une manière ou d'une autre, d'une référence à la grandeur. De ce point de vue la position de François Hollande reste, à nos yeux, intéressante dans la mesure où dès son élection, il a tenté de manière consciente ou non, de nier le rapport de la politique française à la grandeur. Sa « Présidence normale » était une exigence trop grande et il ne put y faire face. Ce paradoxe tient à la difficulté suivante : il ne peut en réalité pas être question de nier l'exigence de grandeur de la France sans la dépasser. Or ce dépassement implique une grandeur plus importante encore que celle qui est habituellement présentée.

L'exigence nouvelle de négation de la grandeur implique de comprendre que cette norme est une idée qui a perdu sa force avec le temps. La manière dont le président Nicolas Sarkozy a abordé le problème impliquait en lui-même une profonde différence avec ses prédécesseurs. Pour la première fois, on a eu un Président qui était né après la Deuxième Guerre mondiale. Cela voulait dire qu'il ne l'avait pas directement subie dans sa chair. Une époque était de ce fait révolue. La désinvolture du Président qui commit un grand nombre d'erreurs de communication montrait justement que l'on passait d'une certaine nécessité des symboles liés à la guerre, à une forme d'arbitraire des signes liés à la communication banalisée. Quels que soient par ailleurs les défauts ou qualités du président Sarkozy, il ne faisait pas de doute que l'époque avait changé pour une raison vieille comme le monde : le temps passe et la mémoire des combats et des épreuves de la guerre s'efface. C'est ainsi la question du maintien de la grandeur initiale de la France qui est posée.

La Cinquième République est à son origine une forme politique qui se pose la question du maintien ou non de l'Empire français. Elle devient, avec les accords d'Evian de 1962, la République de l'Empire disparu, laissant ouverte une question : cette disparition est-elle une perte nécessaire à la France pour entrer et assumer sa modernité ou bien est-ce une perte honteuse dont il faut garder la nostalgie ?

Ainsi se dessinent le discours raciste et le discours néolibéral. Le racisme n'est pas né avec la Cinquième République. Des figures comme Boulainvilliers ou Gobineau ont très fortement nourri ce discours bien avant. Par ailleurs leurs discours étaient évidemment bien construits par rapport à la sauvagerie du racisme ordinaire. Cependant cette République a livré un terreau très fertile pour ce discours parce qu'à son origine, il y a une perte de l'Empire. Malgré la force de ce langage raciste, celui-ci reste d'une certaine manière minoritaire : soit pour des raisons morales qui servent de digues, mais qui risquent de céder, soit pour des raisons plus structurelles avec l'émergence d'une forme de néolibéralisme qui est apparue lors de la décision de Richard Nixon en 1971 lorsqu'il décida de mettre fin à l'étalon or. De ce point de vue, l'élection de 2017 montre bien les deux possibilités de la politique française : non plus l'opposition droite-gauche qui est une opposition artificielle et qui date plus du XIXe siècle que du temps présent, mais un dépassement de cette opposition en tendant soit vers un discours néolibéral, soit vers un discours raciste, même si naturellement aucun de ces deux termes n'est assumé par ceux qui en sont les acteurs. Il est remarquable que chacun des termes lie la question de la grandeur à celle de l'impérialisme. Le combat politique du second tour de l'élection présidentielle de 2017 en France est en définitive la question de la grandeur poursuivie par d'autres moyens.

Bibliographie

Hannah Arendt
L'Impérialisme. Imperialism 1973, 1968, 1966, 1958 par Hannah Arendt. Librairie Arthème Fayard, 1982, pour la traduction française et Gallimard, 2002, pour la nouvelle édition.

Jocelyn Benoist et Fabio Merlini
Après la fin de l'histoire. Temps, monde, historicité, Paris, Librairie philosophique J. Vrin. 1998.

Roger Caillois
Le sacré et le profane, Paris, Gallimard, 1950.

Elias Canetti
Masse et puissance. Masse und Macht, Hambourg, Claassen Verlag, 1960. Gallimard, 1966, pour la traduction française

Condorcet
Esquisse d'un tableau historique des progrès de l'esprit humain.

Gilles Deleuze
L'Île déserte et autre textes, Paris, Les Éditions de Minuit, 2002.

Michel Foucault
« *Il faut défendre la société* ». Éditions du Seuil, Paris, Gallimard, 1997.
Surveiller et punir, Paris, Gallimard, 1975.
Naissance de la biopolitique, Paris, Éditions Seuil, Gallimard, 2004.
Histoire de la folie à l'âge classique, Paris, Éditions Gallimard, 1972.

Sigmund Freud
Le Deuil et la Mélancolie. Trauer und Melancholie, 1917.

Charles de Gaulle
Mémoires de guerre L'Appel, Librairie Plon, *1954,* Paris Editions la Pléiade, Gallimard, 2015

Jürgen Habermas
Après l' État-nation, Paris, Librairie Arthème Fayard, 2000.

Georg Wilhelm, Friedrich Hegel
La raison dans l'histoire. Die Vernunft in der Geschichte, Félix Meiner Verlag 1955 Hambourg. Librairie Plon, 1965, Paris.

Martin Heidegger
Le principe de raison, traduction de *Der Satz vom Grund*, Pfullingen, 1957. Paris : Gallimard, 1962.

Karl Jaspers
Les grands philosophes. Die grossen Philosophen, R. Piper Verlag, Munich. Librairie Plon, Paris.

Jean-François Lyotard
La Condition postmoderne, Paris, Les Éditions de Minuit, 1979.

André Malraux
L'Espoir, Paris, Gallimard, 1937.

BIBLIOGRAPHIE

Maurice Merleau-Ponty
Sens et non-sens, Paris, Gallimard, 1966.
Le Visible et l'Invisible, Paris, Gallimard, 1964.

Friedrich Nietzsche
Le Crépuscule des idoles.
Le Gai Savoir

Paul Ricœur
De l'interprétation. Paris, Éditions du seuil, 1965.
Du texte à l'action, Paris, Éditions du seuil, 1986.

Carl Schmitt
Théorie du partisan, Paris, Flammarion, 1992.

Max Weber
Économie et société.

Table des matières

Prologue 7

La Cinquième République et l'idée de grandeur 13

I. Ce que le mot grandeur signifie 21

II. Grandeur, maitrise et servitude :
   La place de la France dans le monde
   après qu'elle a assumé la décolonisation 53
   *Les bases d'une politique de la grandeur :
   l'ère du général de Gaulle*............................ 53
   *Maîtrise et servitude :
   la politique étrangère de la France
   après le général de Gaulle*........................... 98

III. Le racisme ou l'inconscient
    de la Cinquième République...................... 129
    *Le racisme et la grandeur à l'origine :
    la question de la colonisation*...................... 133

>   *Le racisme, la vie et la mort dans la politique* 148
>   *Racisme et montée du FN* 176

IV. Grandeur française et économie.................... 205
Les métamorphoses de l'*homo œconomicus*
en période de mondialisation 205

>   *Les trente glorieuses et l'émergence*
>   *de l'homo œconomicus*................................. 207
>   *Vers la mondialisation :*
>   *la fin de l'État-nation ?*............................ 228
>   *Grandeur et imaginaire :*
>   *entre le symbolisme et l'idéologie*................... 251

Épilogue.. 277

Bibliographie 281

*Composition et mise en pages
Nord Compo à Villeneuve-d'Ascq*

www.ingramcontent.com/pod-product-compliance
Lightning Source LLC
Chambersburg PA
CBHW022003160426
43197CB00007B/243